Python

비전공자도
쉽게 이해하는

파이썬 입문

Education by Sympathy

비전공자도 쉽게
이해하는

파이썬입문

초판 1쇄 인쇄 2021년 7월 3일
초판 1쇄 발행 2021년 7월 13일

지은이   윤선영
펴낸이   한준희
펴낸곳   (주)아이콕스

기획·편집   오운용
디자인   그리드나인
영업지원   김진아, 손옥희
영업   김남권, 조용훈, 문성빈

Education by Sympathy

주소   (14556) 경기도 부천시 조마루로 385번길 122 삼보테크노타워 2002호
등록   2015년 7월 9일 제 386-251002015000034 호
홈페이지   http://www.icoxpublish.com
이메일   icoxpub@naver.com
전화   032-674-5685
팩스   032-676-5685
ISBN   979-11-6426-179-6 (93000)
           979-11-6426-180-2 (15000) 전자책

머리글

지금 우리는 인공지능, 사물인터넷, 빅데이터가 주도하는 4차 산업 혁명 시대에 살고 있습니다.

인공지능이란 인간의 두뇌작용과 같이 컴퓨터 스스로 학습하고 판단하고 추론하는 시스템입니다.

사물인터넷이란 모든 사물이 유·무선 인터넷에 연결되는 것을 말합니다. 각종 기기에 통신, 센서를 장착해 디바이스 간에 데이터를 주고받고 이를 처리해 자동으로 구동하는 것이 가능해집니다.

빅 데이터란 기존 데이터베이스 관리 도구의 능력을 넘어서는 대용량의 수치, 문자, 영상 데이터로 데이터를 수집·저장·분석·처리하여 이 데이터부터 가치를 추출하고 결과를 분석하는 기술입니다.
빅데이터는 단순히 데이터의 수집에만 그치지 않고 데이터 분석을 통해 미래를 예측할 수 있습니다.
예를 들어 농사일에 지난 경험으로 얻어낸 빅데이터를 적용하면 앞으로의 예측을 통해 생산성의 향상을 기대할 수 있습니다.
소비자의 활동 내역을 분석해 소비자가 많이 검색하는 키워드를 찾아내 개개인에 맞는 서비스를 제공하고 광고와 연결하는 작업을 할 수도 있습니다.

어떤 프로그램을 개발하기 위한 프로그래밍 언어의 종류는 몇백 가지가 있다고 할 정도로 다양합니다.
인공지능 프로젝트, 사물 인터넷 프로젝트, 빅데이터를 사용한 프로젝트를 하기 위한 여러 종류의 언어들이 있는데 파이썬도 그중 하나입니다.
파이썬은 웹프로그램 개발에도 많이 사용되어 파이썬을 사용해서 만든 웹사이트는 100만 개가 넘고, 통계처리, 유틸리티 제작, 데이터베이스 처리에 다양하게 활용되며 이 외에도 파이썬의 활용 분야는 광장히 넓습니다.
이런 파이썬은 문법이 간단하고 직관적이며 체계적이어서 배우기 쉽고, 개발 속도가 빨라 여러 프로젝트 개발 시 많이 사용되는 인기 있는 언어입니다.
이 책은 빅데이터에 관심이 있고, 프로그래밍 언어를 처음 배우는 학습자에게 알맞은 내용으로 구성하였습니다.
자료형부터 데이터를 출력하는 방법, 제어문과 반복문, 함수, 객체지향 기술인 클래스와 파일 입출력, 프로그램 실행 중에 발생할 수 있는 여러가지 예외처리, 마지막으로 데이터베이스까지 프로그램 입문자가 꼭 알아야 할 내용으로 그림과 함께 자세히 기술하였습니다.
각 Chapter 사이 사이에는 Project를 넣어서 앞의 내용을 정리할 수 있도록 하였고, 모든 파이썬 문법을 활용하여 마지막 Project를 통해 본 책의 내용을 정리할 수 있도록 하였습니다.
이 책이 여러분들이 프로그램 개발자가 되기 위한 초석이 되길 바랍니다.

이 책이 나오기까지 많은 신경을 써주신 아이콕스 출판사 관계자 분들께 감사드리고,
옆에서 많은 도움을 준 사랑하는 가족에게 감사한 마음을 전합니다.

2021년 여름
윤 선 영

다운로드
가이드

① 아이콕스 홈페이지(http://icoxpublish.com)로 접속합니다.

② 상단메뉴 [자료실 > 도서부록소스] 순으로 메뉴를 클릭하여 해당 자료실로 이동합니다.

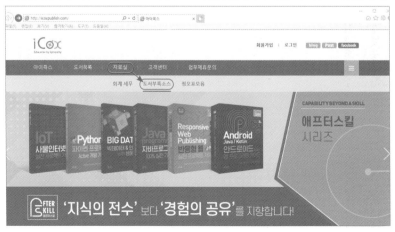

③ 열린 [도서부록소스] 게시판 목록에서 해당하는 도서를 찾아 자료를 다운로드합니다.

Chapter 01.
파이썬 설치하기

Chapter 02.
자료형

Chapter 03.
연산자

Chapter 04.
데이터 다루기

Chapter 05.
제어문과 반복문

Chapter 06.
함수

Chapter 07.
모듈

Chapter 08.
클래스

Chapter 09.
파일 입출력

Chapter 10.
예외처리

Chapter 11.
데이터베이스

CONTENTS

CONTENTS

파이썬
설치

알파고로 대표되는 인공지능과 자동 응답 시스템인 챗봇을 만들기 위한 머신러닝은 우리 생활에 이미 깊숙이 들어와 있습니다. 인공지능과 머신러닝의 기본이 되는 파이썬은 프로그래밍 입문자들이 배우기 쉬우면서도 많은 기능을 할 수 있는 언어입니다. 파이썬을 공부하기 전에 파이썬 설치를 먼저 해보겠습니다.

1.1 파이썬이란

요즘 대한민국은 초등학생부터 대학생, 취준생, 회사원까지 코딩 열풍이 불고 있습니다. 코딩이란 일정한 프로그램 언어를 써서 프로그램을 작성하는 것을 말합니다. 프로그램의 사전적의미를 보면 어떤 문제를 해결하기 위해 컴퓨터에게 주어지는 처리 방법과 순서를 기술한 일련의 명령문의 집합체라고 되어 있습니다. 이런 명령문을 작성하는 것이 코딩입니다. '안녕하세요' 한 단어를 사람의 언어로 표현하고 싶다면 영어, 일어, 중국어 등 여러 언어를 사용할 수 있는 것처럼 프로그램을 코딩하기 위해서도 여러가지 언어를 사용할 수 있습니다. 프로그래밍 언어의 인기를 나타내는 지표인 TIOBE 프로그래밍 Index는 2020년 TIOBE Index 순위를 아래와 같이 공개했습니다. 파이썬이 3위에 있고 이전 해에 비해 증가율도 높은것으로 나타나고 있습니다. 여러 기업에서도 파이썬을 많이 사용하고 있고, 구글에서 만들어진 소프트웨어의 50% 이상이 파이썬으로 만들어졌다고 합니다.

Oct 2020	Oct 2019	Change	Programming Language	Ratings	Change
1	2	︿	C	16.95%	+0.77%
2	1	﹀	Java	12.56%	-4.32%
3	3		Python	11.28%	+2.19%
4	4		C++	6.94%	+0.71%
5	5		C#	4.16%	+0.30%
6	6		Visual Basic	3.97%	+0.23%
7	7		JavaScript	2.14%	+0.06%
8	9	︿	PHP	2.09%	+0.18%
9	15	︽	R	1.99%	+0.73%
10	8	﹀	SQL	1.57%	-0.37%
11	19	︽	Perl	1.43%	+0.40%
12	11	﹀	Groovy	1.23%	-0.16%
13	13		Ruby	1.16%	-0.16%
14	17	︿	Go	1.16%	+0.06%
15	20	︽	MATLAB	1.12%	+0.19%
16	12	︾	Swift	1.09%	-0.28%
17	14	﹀	Assembly language	1.08%	-0.23%
18	10	︾	Objective-C	0.86%	-0.64%
19	16	﹀	Classic Visual Basic	0.77%	-0.46%
20	22	︿	PL/SQL	0.77%	-0.06%

파이썬은 1990년 귀도 반 로섬(Guido van Rossum)이 만든 인터프리터 언어입니다. 프로그램 언어를 해석하고 실행하는 방법에는 컴파일러(Compiler) 방식과 인터프리터 (Interpreter) 방식이 있습니다. 컴파일러 방식은 작성한 프로그램을 한번에 모두 기계어

로 바뀐 목적 프로그램을 만들어내고, 이렇게 바뀐 목적프로그램 전체를 실행합니다. 기계어로 번역하는데 시간은 걸리지만 전체를 한번에 실행하므로 실행속도가 빠릅니다. 인터프리터 방식은 작성된 프로그램을 한 줄 단위로 즉시 실행하는 방식입니다. 이 방식은 목적프로그램을 생성하지 않고 한 줄 한 줄 번역해서 실행하므로 번역 속도는 빠르지만 실행 속도는 느립니다. 그래서 CPU 사용시간이 많이 걸립니다.

컴파일러 방식과 인터프리터 방식의 차이점

	컴파일러(Compiler) 방식	인터프리터(Interpreter) 방식
번역단위	전체	행단위(문장단위)
목적프로그램	생성함	생성하지 않음
번역속도	느림	빠름
실행속도	빠름	느림
사용언어	C, JAVA	Python, LISP, PHP, JavaScript, JAVA

파이썬 장점

- 프로그램 학습 초보자도 문법이 간단하고 쉬워 빠르게 학습할 수 있습니다.
- 개발속도가 빠릅니다. C나 Java 언어로 개발하는 것보다 빠르게 개발할 수 있습니다.
- 많은 라이브러리를 제공해서 개발을 쉽게 할 수 있습니다.
- 데이터베이스 프로그래밍, 수치 연산 프로그래밍, 데이터 분석, 웹 프로그래밍 등도 할 수 있습니다.
- 무료로 사용할 수 있습니다.

파이썬 단점

- 굉장히 빠른 속도를 내야하거나 하드웨어를 직접 건드려야 하는 프로그램에는 적합하지 않습니다.
- 2.X 버전과 3.X 버전이 호환되지 않습니다.

1.2 파이썬 설치하기

파이썬을 학습하기 위해서는 준비할 것들이 있습니다. 아래 과정을 따라하면서 학습에 필요한 프로그램을 설치해 보도록 하겠습니다.

jdk설치

oracle.com사이트로 접속합니다. 화면 하단의 아래 테두리안의 Java SE Downloads를 클릭합니다.

아래 테두리안의 JDK Download를 클릭합니다.

필자는 window 64비트를 사용하므로 다음 테두리안의 ①②③을 순서대로 따라합니다. ③을 클릭하면 jdk-15.0.2_windows-x64_bin.exe 파일이 다운로드 됩니다.

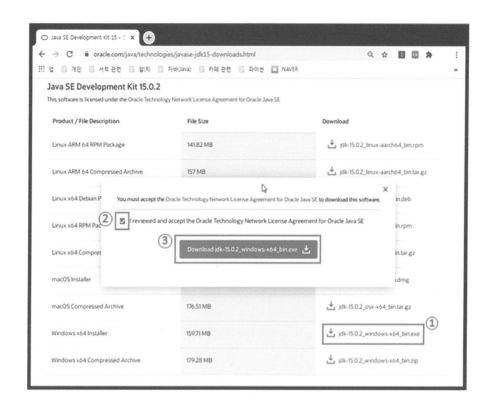

아래는 다운로드된 파일입니다.

```
jdk-15.0.2_windows-x64_bin.exe
```

위 파일을 더블클릭하고 아래의 단계를 따라합니다.

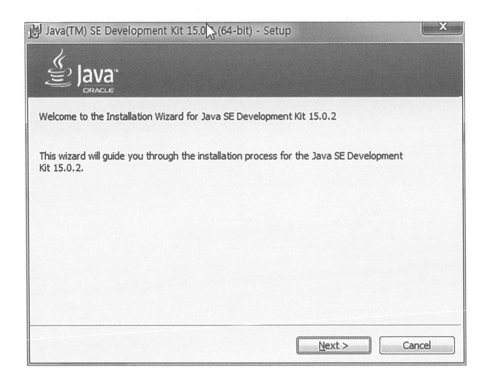

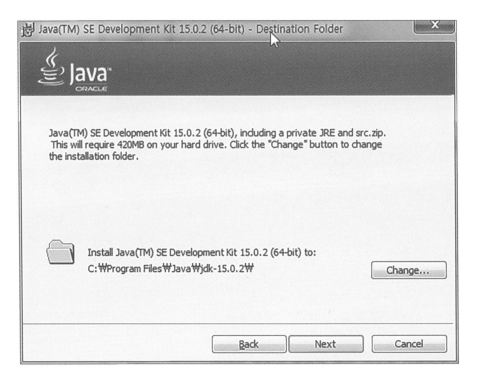

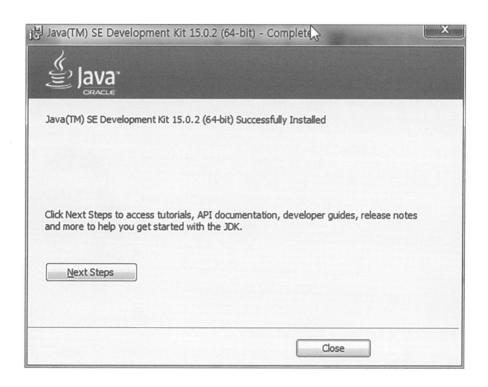

아나콘다 설치

아나콘다는 여러가지 수학 및 과학 패키지(Package)등 수백 개의 파이썬 패키지를 기본적으로 포함하고 있는 파이썬 배포판입니다. 아나콘다를 설치하면 여러 라이브러리를 별도의 설치없이 편리하게 사용할 수 있습니다. https://www.anaconda.com 사이트로 접속합니다.

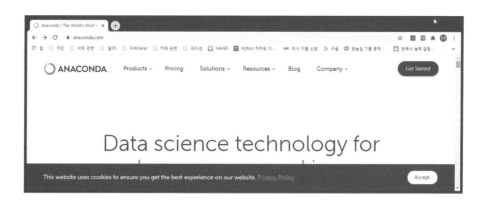

Download Anaconda installers를 클릭합니다.

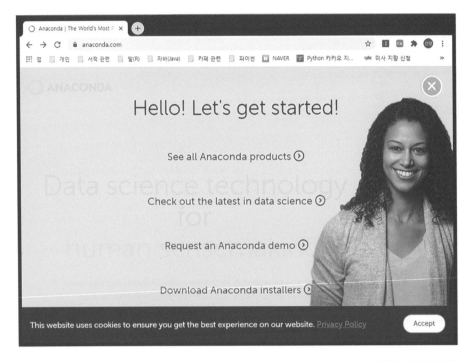

각자의 컴퓨터 환경에 맞는 것으로 다운받습니다. 필자는 아래의 Windows 64-Bit를 다운 받았습니다.

위 파일을 더블클릭하고 아래의 단계를 따라합니다.

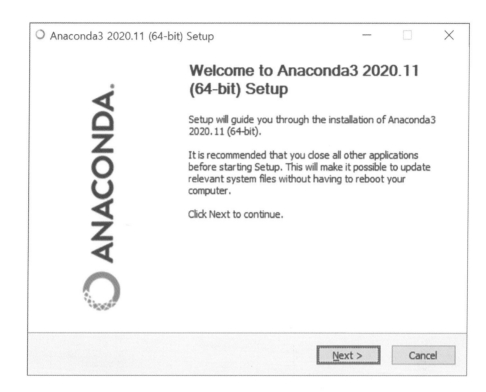

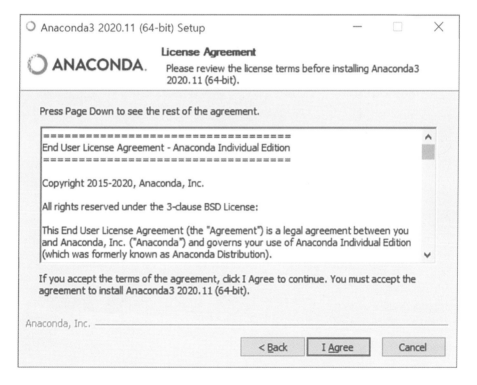

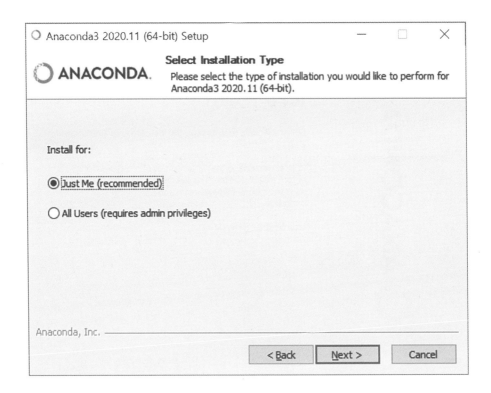

아래에서 Anaconda3가 설치될 위치를 정합니다.

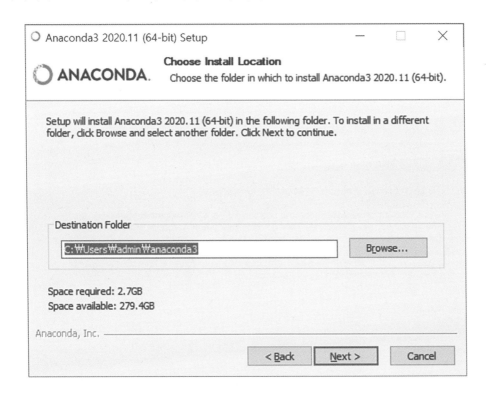

이클립스 설치

파이썬 코드를 작성할 수 있는 편집기는 Jupyter, PyCharm등 여러 가지 종류가 있는데 그 중 이클립스를 사용해 보겠습니다.

https://www.eclipse.org/downloads/ 사이트로 접속해서 아래의 Download x86_64 버튼을 클릭합니다.

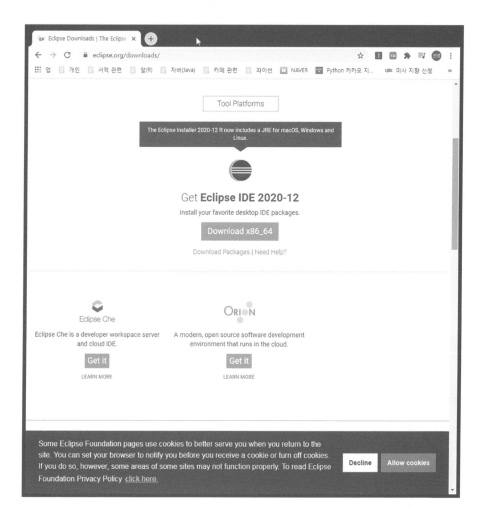

Download 버튼을 클릭합니다.

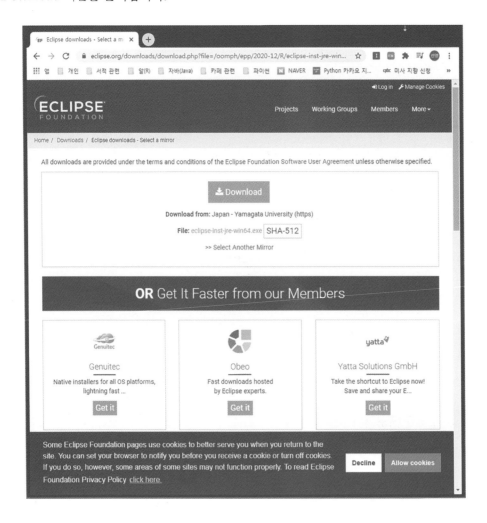

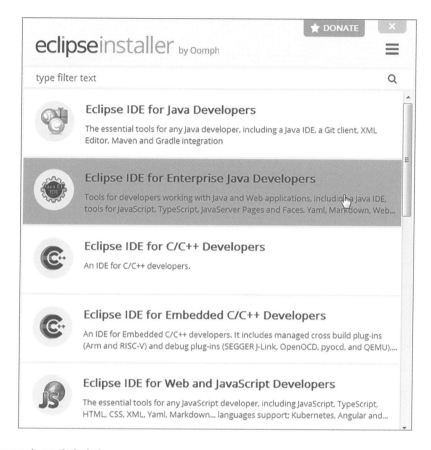

INSTALL을 클릭합니다.

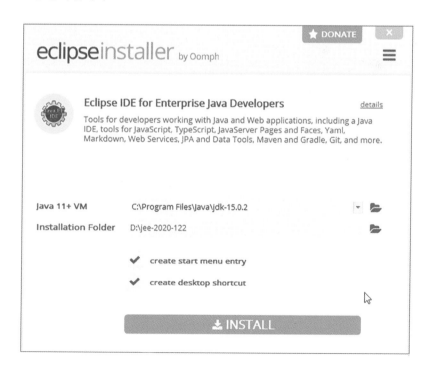

LAUNCH를 클릭합니다.

작업하게 될 위치 Workspace를 작성하고 Launch를 클릭합니다.

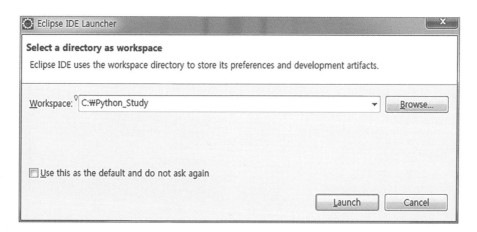

Welcome 옆의 X를 클릭합니다.

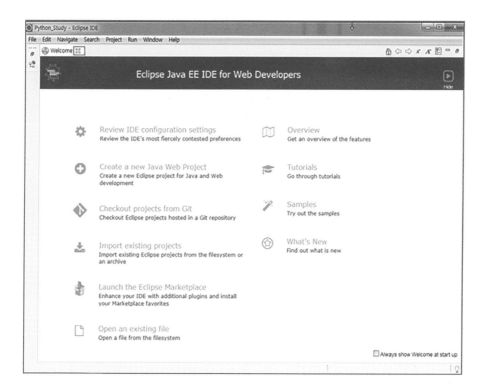

Help - Eclipse Marketplace를 클릭합니다.

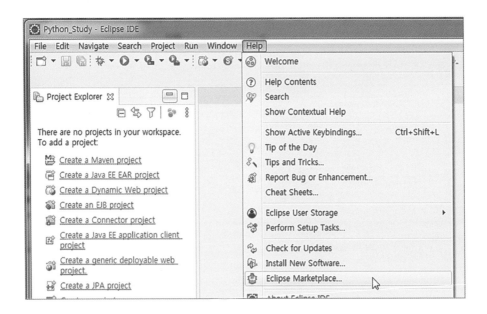

Find 옆에 pydev를 입력한 후 엔터 치고 목록에 PyDev가 보이면 Install을 클릭합니다.

Confirm을 클릭합니다.

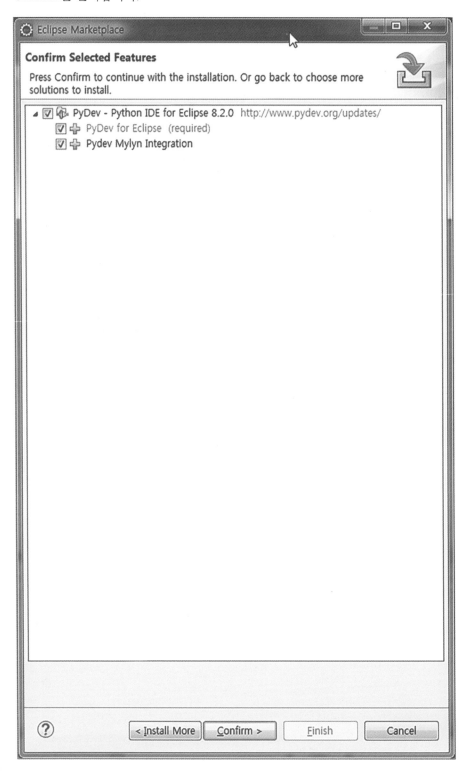

I accept the terms of the license agreements 클릭 후 Finish를 클릭합니다. 설치 시간이 몇 분 걸립니다.

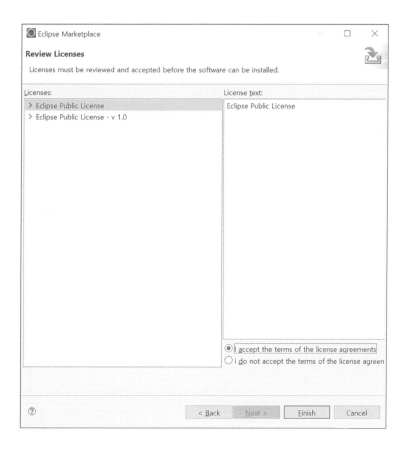

Restart Now를 클릭 합니다. 이클립스가 닫혔다가 다시 열립니다.

아래 과정을 따릅니다.

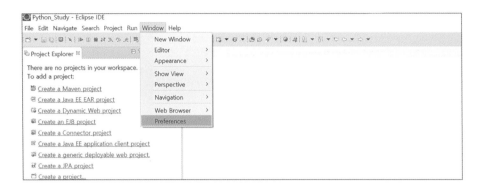

아래의 창이 열리고 바로 아래의 열기 창이 자동으로 열립니다. 아래의 열기 창이 열리지 않으면 아래의 창에서 Browse 버튼을 클릭하면 됩니다.

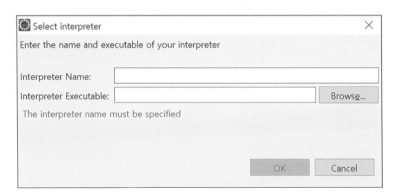

Anaconda3가 설치된 폴더로 찾아가서 Python.exe를 클릭하고 아래 열기 버튼을 클릭합니다.

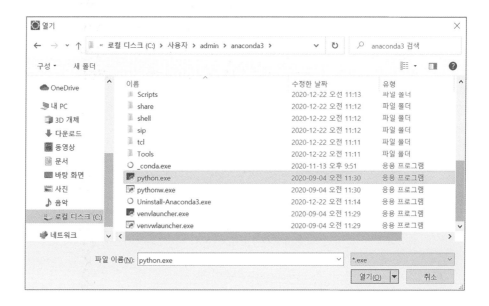

OK를 클릭합니다.

모두 선택한 상태에서 OK를 클릭합니다.

아래처럼 Python library가 포함됩니다.

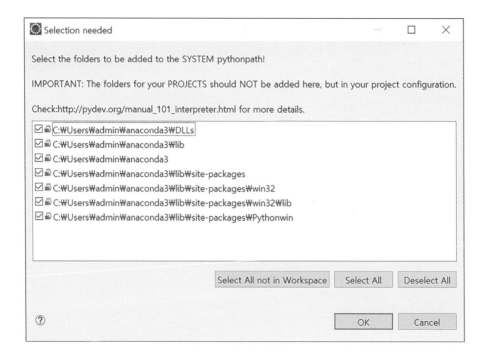

Apply and Close를 클릭합니다.

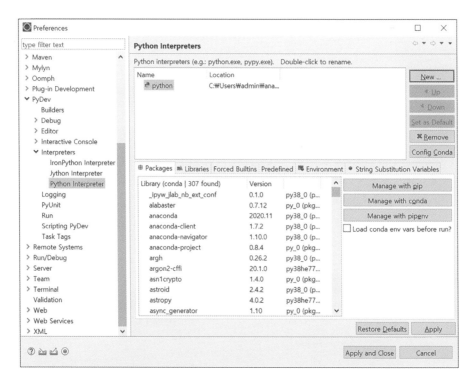

몇 분 동안 진행됩니다.

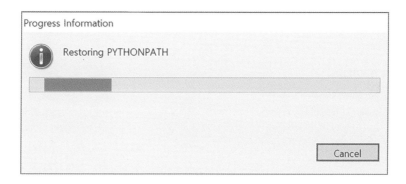

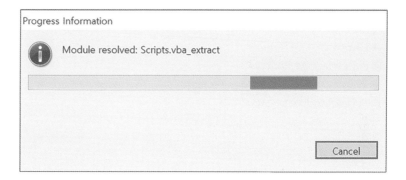

PyDev Project - Next를 클릭합니다.

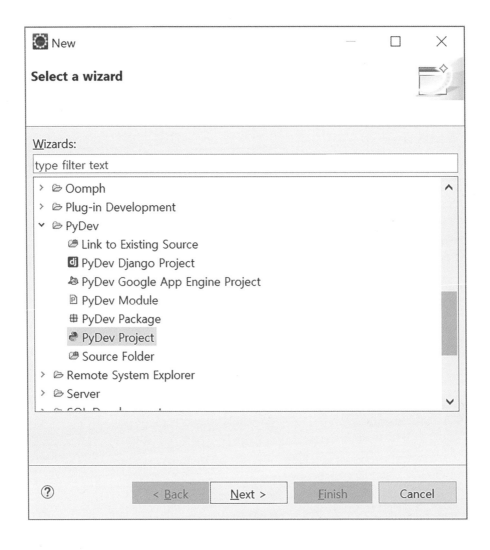

Project Name 작성하고 Finish를 클릭합니다.

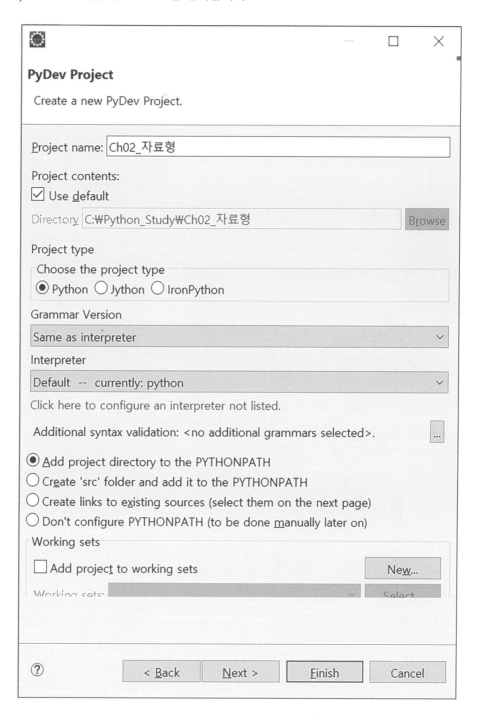

Open Perspective를 클릭합니다.

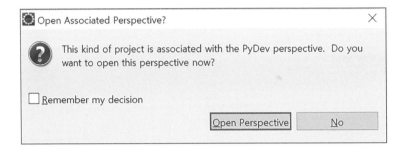

프로젝트가 생성되었습니다.

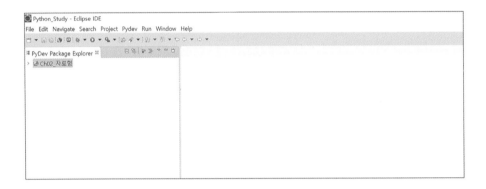

프로젝트를 삭제하려면 프로젝트명에서 우클릭 - Delete를 클릭합니다.

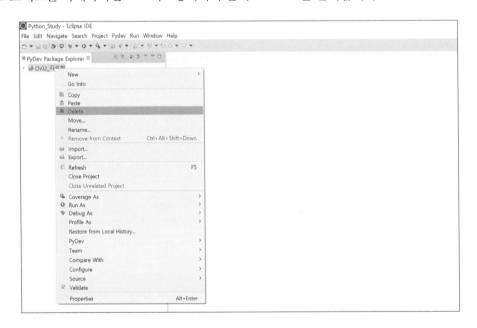

Delete project contents on disk(cannot be undone) 앞에 반드시 체크하고 OK를 클릭합니다. 체크하지 않으면 이클립스에서만 삭제되고 실제 폴더를 열어보면 삭제되지 않고 그대로 있습니다.

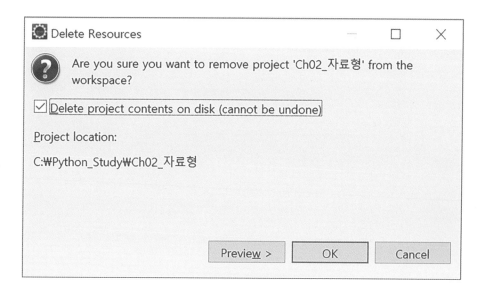

프로젝트명 – 우클릭 – New - PyDev Module를 클릭합니다.

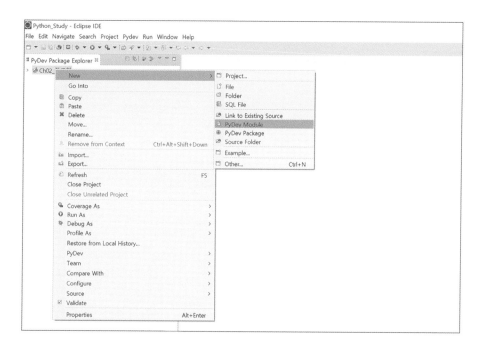

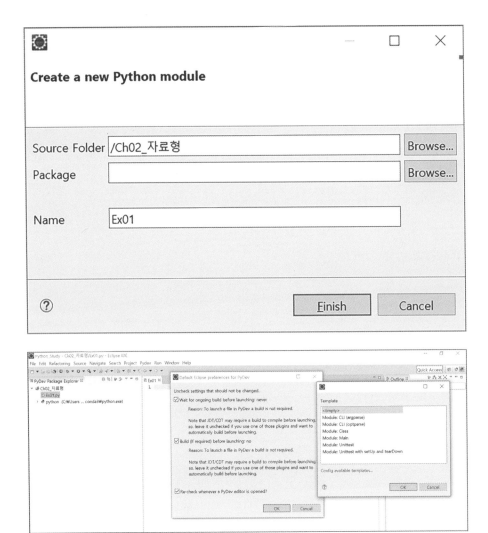

순서대로 OK를 클릭합니다.

아래와 같이 파일이 생성됩니다.

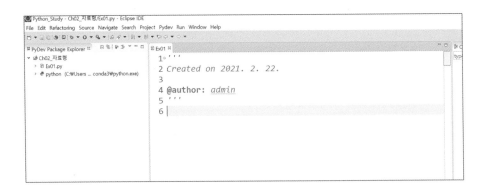

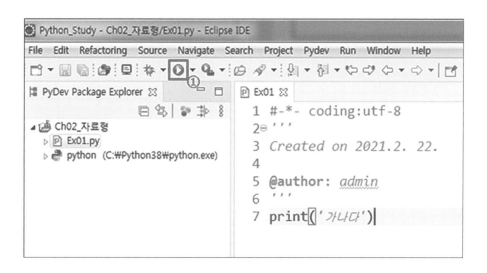

1행의 코드를 작성합니다. 이 코드를 작성해야 한글 처리 후 한글을 화면에 출력할 수 있습니다. 파일 생성 후에는 항상 맨 위에 한글 처리하는 코드를 작성합니다.

7행에서 한글 '가나다'를 화면에 출력하는 문장을 작성합니다.

이 파일을 실행하기 위해서는 위 ① 의 아이콘을 클릭하거나 아래처럼 마우스 오른쪽 버튼 클릭 - Run As – Python Run을 클릭합니다. 그러면 Console 창에 결과가 출력됩니다.

실행결과 화면입니다.

```
Console ⌗
<terminated> Ex01.py [C:\Users\admin\anaconda3\python.exe]
가나다
```

QR

동영상강의 지금 바로 접속하기

Chapter. 02

자료형

자료형은 여러 종류의 데이터를 식별할 수 있도록 그 기능에 따라 분류해 놓은 것을 말합니다. 자료형은 기본자료형과 집합자료형 또는 컬렉션 자료형으로 나눌 수 있습니다. 기본자료형에는 숫자형, 논리형이 있고 집합자료형 또는 컬렉션 자료형에는 문자열형, 리스트, 튜플, 셋, 딕셔너리 등이 있습니다. 자료형에 맞게 데이터를 처리해야 숫자형일 때에는 연산을, 문자열형일 때에는 여러 문자열의 연결, 삽입, 삭제 작업 등을 할 수 있습니다. 이번 장에서는 숫자형, 논리형, 문자열형에 대해 알아보겠습니다.

2.1 숫자형

숫자는 아래와 같이 소수점이 없는 숫자인 정수와 소수점이 있는 숫자인 실수로 나눌 수 있습니다.

종류	설명
정수형	소수점이 없는 숫자(-3, 0,1,123)
실수형	소수점이 있는 숫자(-1.2, 0.0 34.567)

화면에 데이터를 출력하려면 print( )라는 명령어를 사용합니다. 출력하려는 데이터를 print()의 ()안에 넣으면 ()안에 넣은 데이터를 화면에 결과물로 보여줍니다. 이것을 출력한다고 합니다. print()는 화면에 결과물을 출력하는 기능을 갖고 있습니다. 이렇게 어떤 기능을 갖고 있는 명령어를 함수라고 하는데 함수에 대해서는 뒤에서 자세히 알아보겠습니다. 정수와 실수를 아래와 같이 출력해 봅시다. 실수는 소수점 아래 6자리의 수가 있다면 그대로 나오지만 7자리 이상부터는 지수표기식인 e로 표현되어 출력됩니다. 아래의 출력 결과 1.23e-05는 $1.23*10^{-5}$을 1.23e-06는 $1.23*10^{-6}$을 뜻합니다.

> **실습파일** ch02₩Ex01.py

```
print(123)
[실행결과]
123

print(-0.123)
[실행결과]
-0.123

print(0.000123)
[실행결과]
0.000123

print(0.0000123)
[실행결과]
1.23e-05

print(0.00000123)
[실행결과]
1.23e-06
```

2.2 논리형

참과 거짓을 판단할 때 사용하는 자료형으로 일반적으로 조건문에서의 분기 처리, 반복문에서의 반복 여부를 판단할 때 사용합니다. 참을 뜻하는 True와 거짓을 뜻하는 False는 첫 글자를 대문자로 써야합니다.

실습파일 ch02₩Ex02.py

```
b1 = True
b2 = False
print(b1)
print(b2)

[실행결과]
True
False
```

2.3 문자열형

' '또는 " "로 구성된 문자나 단어 등의 나열을 문자열 또는 string 이라고 부릅니다. ' '로 둘러싼 nice to meet you와 " "로 둘러싼 안녕하세요를 아래와 같이 출력해봅시다. True는 논리형 데이터지만 true는 논리형 데이터가 아니므로 문자열로 처리합니다. true를 사용하려면 따옴표로 둘러싸서 'true'로 작성해야 합니다.

실습파일 ch02₩Ex03.py

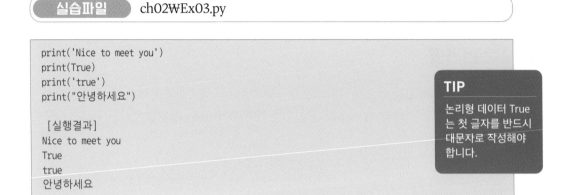

```
print('Nice to meet you')
print(True)
print('true')
print("안녕하세요")

[실행결과]
Nice to meet you
True
true
안녕하세요
```

> **TIP**
> 논리형 데이터 True는 첫 글자를 반드시 대문자로 작성해야 합니다.

''' 따옴표 세 개는 여러 줄을 문자열 처리할 때 사용합니다.

실습파일 ch02₩Ex04.py

```
s = '''재미있는
파이썬
공부'''
print('s:',s)

[실행결과]
s: 재미있는
파이썬
공부
```

2.4 주석

주석은 프로그램 코드 작성 중 특정한 라인이 실행되지 않게 하거나 프로그램 실행과는 상관없이 설명문을 작성하고 싶을 때 사용합니다. 주석으로 처리하고 싶은 부분 앞에 # 기호를 붙이면 주석처리되고 그 부분은 실행되지 않습니다.

아래 첫번째 출력 문처럼 간단히 설명문을 쓸 때 #을 붙여서 주석처리하거나 두번째 출력 문처럼 맨 앞에 #을 붙여서 실행되지 않게 할 때 주석처리 합니다.

실습파일 ch02₩Ex05.py

```
print('Nice to meet you')  # 문자열 출력 시 ' ' 또는 " "로 둘러쌉니다.
# print("안녕하세요") # 이 줄은 실행이 안됩니다.

[실행결과]
Nice to meet you
```

2.5 변수

변수란 데이터를 저장할 수 있는 저장공간에 이름을 붙인 것입니다. 홍길동 데이터를 저장할 수 있는 name 이라는 이름을 갖는 변수를 만들고, 77 데이터를 저장할 수 있는 jumsu 라는 이름을 갖는 변수를 만드는 방법은 다음과 같습니다.

TIP
=을 중심으로 오른쪽의 데이터가 왼쪽의 변수에 들어갑니다.

```
name='홍길동'
jumsu=77
```

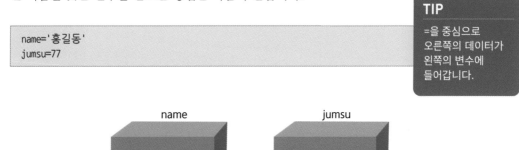

변수 생성시 규칙

- 키워드(예약어)는 변수명으로 사용할 수 없습니다.
- 영문자는 대소문자를 구분합니다.
- 숫자를 사용할 수 있지만 변수명 첫자리에는 숫자를 사용할 수 없습니다.
- 언더바(_)를 사용할 수 있고 다른 특수문자는 사용할 수 없습니다.

키워드(예약어)는 파이썬에서 사용하겠다고 미리 예약해 놓은 단어입니다. 이 키워드(예약어)는 사용자가 변수명으로 사용할 수 없습니다. 파이썬에서 사용하는 키워드는 아래의 코드로 알아볼 수 있습니다. import keyword로 keyword 모듈을 사용할 준비를 합니다. 모듈에 대해서는 뒷부분에서 설명하겠습니다. keyword.kwlist로 파이썬에서 사용하는 키워드 목록을 얻어냅니다. 아래 실행 결과로 나온 키워드는 변수명으로 사용할 수 없습니다.

실습파일　ch02WEx06.py

```
import keyword
print(keyword.kwlist)

[실행결과]
['False', 'None', 'True', 'and', 'as', 'assert', 'async', 'await', 'break', 'class', 'con-
tinue', 'def', 'del', 'elif', 'else', 'except', 'finally', 'for', 'from', 'global', 'if',
'import', 'in', 'is', 'lambda', 'nonlocal', 'not', 'or', 'pass', 'raise', 'return', 'try',
'while', 'with', 'yield']
```

name변수를 선언하고 대소문자가 다른 name을 출력하려고 하면 undefined variable: name 에러가 발생합니다. 선언한 변수와 사용하려는 변수는 대소문자가 일치해야 합니다.

TIP

변수는 규칙을 잘 지켜 사용해야 합니다.

```
name='홍길동'
print(Name) # 에러
```

my_name1은 가능하지만 숫자로 시작하는 1_myname 변수 사용은 불가능합니다.

```
my_name1='홍길동'
#1_myname='홍길동'
```

2.6 입출력과 자료형 처리 관련 명령어(함수)

print()

위에서 사용한 name변수와 jumsu변수에 저장된 값을 화면에 출력하기 위해서는 print() 함수를 사용합니다. 프로그래밍을 하다보면 같은 작업의 코드가 여러 번 반복될 때가 있는데 그 반복되는 작업을 하나의 이름으로 저장해 놓은 것이 함수입니다. 파이썬에서는 print() 함수를 사용하여 화면에 결과를 출력할 수 있습니다.

```
name='홍길동'
jumsu=77
print(name)
print(jumsu)

[실행결과]
홍길동
77
```

print( )안에 여러 문자열을 넣어놓으면 여러 문자열이 연속해서 출력됩니다. 문자열과 문자열 사이에+기호를 넣어도 마찬가지로 문자열이 연속해서 출력되는데 +대신 ,(쉼표)기호를 사용하면 문자열과 문자열 사이에 공백이 하나씩 출력됩니다.

```
print('Interesting' 'Python' 'study')
[실행결과]
InterestingPythonstudy

print('Interesting'+'Python' +'study')
[실행결과]
InterestingPythonstudy

print('Interesting' ,'Python', 'study')
[실행결과]
Interesting Python study
```

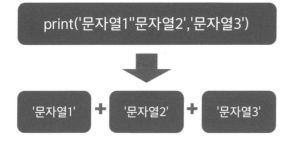

TIP

공백, 쉼표, '+'를 사용해서 문자열을 나열하면 문자열이 연결되서 출력됩니다.

print( ) 함수로 출력을 하면 출력 맨 뒤에 자동으로 줄바꿈이 일어납니다. 줄바꿈을 하고 싶지 않다면 아래처럼 end 옵션을 하나 넣어서 줄바꿈을 ' '(공백)으로 대신할 수 있습니다.

```
print('하하', end = ' ')
print('호호', end = ' ')

[실행결과]
하하 호호
```

문자열에 따옴표를 포함시키고 싶을 때에는 아래와 같이 작성합니다.
큰 따옴표("")를 출력하고 싶으면 작은 따옴표('')로 문자열을 둘러싸고, 작은 따옴표('')를
출력하고 싶으면 큰 따옴표("")로 문자열을 둘러쌉니다.

```
print('"Happy" Day')
[실행결과]
"Happy" Day

print("'Happy' Day")
[실행결과]
'Happy' Day
```

print( )는 서식 문자를 이용해서 여러 형태로 작성할 수 있습니다. 서식문자에는 %d, %f,
%s 등 여러가지가 있는데 %d는 정수를 %f는 실수를 %s는 문자열을 출력할 수 있는 서식
문자입니다. 서식 문자를 사용할 때의 형식은 아래와 같습니다.

```
[형식]

print( ' 문자열 ' % (출력할 값))
```

아래의 첫번째 출력문을 보면 첫번째 %d자리에 10이, 두번째 %d자리에 3이, 세번째 %d자
리에 10 나누기 3의 결과가 정수형태로 출력됩니다.
두번째 출력문에서는 10 나누기 3의 결과를 실수형 서식문자인 %f를 사용해서 실수로 출력
됐습니다.
세번째 출력문에서 %.2f는 결과를 소수점 아래 3자리에서 반올림하여 소수점 아래 2자리까
지 출력한다는 의미입니다.

```
print('%d*%d=%d' % (10,3,10/3))
[실행결과]
10*3=3

print('%d/%d=%f' % (10,3,10/3))
[실행결과]
10/3=3.333333

print('%d/%d=%.2f' % (14,3,14/3))

[실행결과]
14/3=4.67
```

위의 첫번째 print문은 아래처럼 %(숫자1, 숫자2, 숫자3)이 차례대로 앞의 %d 자리에 들어가면서 출력이 됩니다.

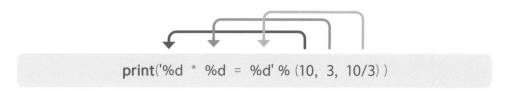

또 다른 print() 형태를 보겠습니다. 아래 예제는 x와 y변수에 3과 4를 넣고 두 수의 합계를 z변수에 넣은 후 세 변수의 값을 여러 형태로 출력해 보는 예제입니다.

```
x = 3
y = 4
z = x+y

# 아래 4줄 결과 모두 같습니다.
print('%d'' 더하기 ''%d''는 ''%d''입니다' % (x,y,z))
print('%d 더하기 %d는 %d입니다' % (x,y,z))
print('{} 더하기 {}는 {}입니다.'.format(x, y, z))
print('{0} 더하기 {1}는 {2}입니다.'.format(x, y, z))

위의 출력문 모두 3 더하기 4는 7입니다로 나옵니다.
```

> **TIP**
>
> { }는 치환필드라고 합니다. format() 안의 변수가 순서대로 치환필드 { }자리에 들어갑니다.

위의 세번째 출력문은 다음 형식을 따릅니다.

문자열에 format이라는 함수를 적용시켜 문자열 자리의 { }안에 변수 값을 출력합니다. 첫 번째 { }에는 x변수를 두 번째 { }에는 y변수를 세 번째 { }에는 z변수를 출력합니다.

네 번째 출력문에서는 { }안에 숫자를 넣어서 변수의 위치를 지정할 수 있습니다. {0}에는 format함수 안의 첫 번째 변수 x를, {1}에는 두 번째 변수인 y도 {2}에는 세 번째 변수인 z를 출력합니다.

문자열도 아래 예제처럼 다양한 방법으로 출력할 수 있습니다. 문자열을 출력하는 서식문자는 %s입니다. 아래 출력문은 모두 같은 내용을 출력합니다.

실습파일 ch02WEx13.py

```
a = "python"
b = "study"
print("재미있는",a,b)
print("재미있는 %s %s" % (a,b))
print("재미있는 {} {}".format(a,b))

[실행결과]
재미있는 python study
재미있는 python study
재미있는 python study
```

위의 코드에서 3번째 print문은 format(a,b)의 a변수의 값과 b변수의 값이 차례대로 ①과 ② { } 안에 들어가면서 출력이 됩니다.

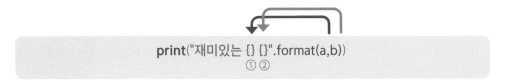

input( )

name변수에 값을 넣을 때 name='홍길동'의 형태로 넣을수도 있지만 실행중에 값을 넣을수도 있습니다. input( ) 함수를 이용하면 실행중에 값을 입력받아 변수에 넣을 수 있습니다.

함수는 어떤 기능을 갖고 있습니다. 함수는 그 기능을 실행한 후 되돌려 주는 값이 있을 수도 있고 없을 수도 있습니다. 되돌려 주는 값을 리턴 값이라고 합니다. name=input()은 실행중에 값을 입력받아 입력받은 값을 리턴해서 name변수에 넣으라는 뜻입니다. age = input('나이를 입력하세요 : ') 은 '나이를 입력하세요 : ' 를 출력하고 값을 입력받아 age변수에 넣으라는 뜻입니다.

실습파일 ch02₩Ex14.py

```
print('이름을 입력하세요 :',end=' ')
name = input( )

age = input('나이를 입력하세요 : ')

print('name:',name)
print('age:',age)

[실행결과]
이름을 입력하세요 : 홍길동
나이를 입력하세요 : 23
name: 홍길동
age: 23
```

위의 코드는 아래 그림처럼 키보드로 홍길동을 입력하고 엔터를 치면 name이라는 이름의 변수에 값이 들어갑니다.

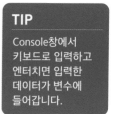

TIP
Console창에서 키보드로 입력하고 엔터치면 입력한 데이터가 변수에 들어갑니다.

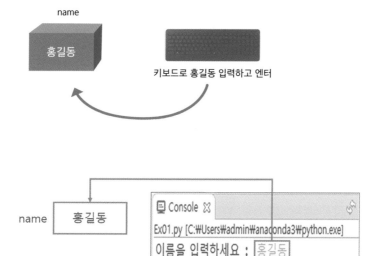

int( )

int( ) 함수는 데이터를 정수형태로 변환할 때 사용하는 함수입니다. 데이터 10을 '10'으로 작성하면 숫자가 아니라 문자열형이 되므로 덧셈 연산을 할 수 없습니다. 1+2는 3이지만 '1'+'2'는 문자열의 연결이므로 '12'로 나옵니다. 문자열형 '10'을 int( ) 를 사용해서 정수로 바꿔주면 덧셈 연산을 할 수 있습니다. 아래 예제의 data1 변수값 '10'을 정수형으로 변환하기 위해 int(data1) 함수를 사용했습니다.

실습파일 ch02WEx15.py

```
data1= '10'
print(int(data1))

[실행결과]
10
```

float( )

float( ) 함수는 데이터를 실수 형태로 변환할 때 사용하는 함수입니다. 문자열 데이터 '12.3'을 숫자 형태로 변환하려면 실수 형태의 데이터이므로 float( ) 함수를 사용해서 실수형으로 변환해야 합니다.

실습파일 ch02WEx16.py

```
data1= '12.3'
print(float(data1))

[실행결과]
12.3
```

str( )

str( )은 데이터를 문자열 형태로 변환할 때 사용하는 함수입니다. 아래 예제의 data2변수값 200을 문자열형으로 변환하기 위해 str(data1) 함수를 사용했습니다. 숫자+숫자는 숫자의 결과값을 내고, 문자열+문자열의 결과는 문자열의 연결을 결과값으로 냅니다. 숫자+문자열 또는 문자열+숫자는 에러를 냅니다. 그래서 아래와 같이 int(문자열)+숫자의 형태로 문자열을 숫자로 바꿔서 숫자와 덧셈을 하거나, 문자열+str(숫자)의 형태로 숫자를 문자열로 바꿔서 문자열의 연결을 결과로 냅니다.

```
1        data2=200
2        print(data2)
3        print(str(data2))
4        print(1+2)
5        print('1'+'2' )
6        print(int('1' )+2 )
7        print('1'+str(2))
8        print('1'+2)

[실행결과]
200
200
3
12
3
12
TypeError: can only concatenate str (not "int") to str
```

3: 숫자를 문자열로 바꿔서 출력합니다.

4: 숫자+숫자의 결과는 숫자입니다.

5: 문자열+문자열의 결과는 문자열입니다. '1'+'2'는 문자열 연결의 결과 12가 출력됩니다.

6: int(문자열)은 문자열이 숫자로 바뀌어서 숫자+숫자로 연산된 결과가 숫자로 나옵니다.

7: str(숫자)는 숫자가 문자열 처리되서 문자열+문자열의 결과 연결된 문자열이 출력됩니다.

8: 문자열+숫자는 연산을 할 수도 없고 연결이 될 수도 없어서 TypeError가 발생됩니다.

bool( )

bool( ) 함수는 일반 데이터를 참과 거짓의 형태로 표현할 때 사용하는 함수입니다. 숫자 0만 False이고 다른 데이터는 True입니다.

```
data3 = bool(10)
print(data3)

data4 = bool(0)
print(data4)

[실행결과]
True
False
```

type()

데이터의 자료형을 알고 싶을 때에는 type( ) 함수를 사용합니다. 10의 자료형은 정수형인 int이고 '10'의 자료형은 문자열형인 str입니다.

실습파일 ch02₩Ex19.py

```
print(type(10))
print(type('python' ))
print(type('10' ))
print(type(True))

[실행결과]
<class 'int'>
<class 'str'>
<class 'str'>
<class 'bool'>
```

연습 문제 ① 아래 빈칸에 변수 작성시 지켜야 할 규칙을 작성하시오.

(   )는 변수명으로 사용할 수 없다.
영문자는 대소문자를 구분한다.
숫자를 사용할 수 있지만 변수명 첫자리에는 ( ) 를 사용할 수 없다.
(   )를 사용할 수 있고 다른 특수문자는 사용할 수 없다.

연습 문제 ② 세 변수에 이름, 국어, 영어 점수를 넣고 다음과 같이 변수에
입력된 값을 여러 형태로 출력해보세요.

[실행결과]
이몽룡 , 20 , 30
이몽룡, 20, 30
이몽룡, 20, 30

QR

동영상강의 지금 바로 접속하기

Chapter. 03

연산자

파이썬에서는 기본적인 수학 연산자를 지원합니다.
연산자에는 산술연산자, 대입연산자, 관계(비교)연산자,
논리연산자, 멤버연산자 등이 있습니다. 이번장에서는
연산자에 대해 알아보겠습니다.

3.1 산술연산자

종류	설명
+	덧셈
-	뺄셈
*	곱셈
/	나누기
//	몫 구하기
%	나머지 구하기
**	거듭제곱

실습파일 ch03₩Ex01.py

```
su1 = 10
su2 = 7
print(su1+su2)
print(su1-su2)
print(su1*su2)
print(su1/su2)
print(su1//su2)
print(su1%su2)
print(su1**su2)

[실행결과]
17
3
70
1.4285714285714286
1
3
10000000
```

su1//su2는 10을 7로 나눴을 때 몫이 1이라는 뜻이고, su1%su2는 10을 7로 나눴을 때 나머지가 3이라는 뜻입니다.

아래처럼 // 연산자를 사용해도, 정수 서식 문자인 %d를 사용해도 결과가 정수로 출력됩니다.

실습파일 ch03₩Ex02.py

```
su1 = 10
su2 = 7
print(su1//su2)
print('%d' % (su1 / su2))

[실행결과]
1
1
```

연산자는 아니지만 divmod( )함수를 이용해서 몫과 나머지를 구할 수도 있습니다. 몫과 나머지의 순서로 ()로 둘러싸여 출력됩니다.

ch03₩Ex03.py

```
print (divmod(15,6))

[실행결과]
(2, 3)
```

+ 연산자는 숫자를 피연산자로 하면 덧셈의 연산결과가 나오지만 문자열을 피연산자로 하면 연결의 의미를 갖습니다. 그래서 10과 20을 문자열 형태인 '10'과 '20'으로 만들어서 +연산을 하면 두 문자열이 연결이 되어 1020으로 출력됩니다.

ch03₩Ex04.py

```
print(10+20)
print('happy'+'day')
print('10'+'20')

[실행결과]
30
happyday
1020
```

문자열을 * 연산하면 * 횟수만큼 문자열이 반복됩니다.

ch03₩Ex05.py

```
print(7*3)
print('Happy' * 3)

[실행결과]
21
HappyHappyHappy
```

실행중에 변수에 값을 입력하기 위해서는 input( ) 함수를 사용하는데 input( ) 함수를 이용해서 입력한 모든 데이터는 문자로 인식합니다. 10을 입력해도 문자열 형태인 '10'으로 인식합니다. 아래 예제에서 숫자 2개를 입력하면 문자열로 su1과 su2에 들어갑니다. 문자열이 들어있는 su1과 su2를 int( ) 함수로 둘러싸면 문자열을 정수로 변환해 줍니다. 10과 20 입력 시 su1+su2는 문자열 연결이 되어 1020이 되고, int(su1)+int(su2)를 하면 입력한 두 값이 정수로 변환되어 덧셈 연산을 하게 됩니다.

실습파일 ch03₩Ex06.py

```
su1 = input('su1입력 : ')
su2 = input('su2입력 : ')
print(su1+su2)
print(int(su1)+int(su2))

[실행결과]
su1입력 : 10(입력하고 엔터)
su2입력 : 20(입력하고 엔터)
1020
30
```

아래처럼 입력 받자마자 int( ) 함수를 사용하여 숫자로 바꾸고 두 변수에 넣어 연산을 해도 덧셈의 결과를 출력할 수 있습니다.

실습파일 ch03₩Ex07.py

```
su1 = int(input(' su1입력 : '))
su2 = int(input(' su2입력 : '))
print(su1+su2)

[실행결과]
su1입력 : 10(입력하고 엔터)
su2입력 : 20(입력하고 엔터)
30
```

3.2 대입연산자

종류	설명
=	대입
+=	덧셈 후 대입
-=	뺄셈 후 대입
*=	곱셈 후 대입
/=	나누기 후 대입
//=	몫 구하기 후 대입
%=	나머지 구하기 후 대입
**=	거듭제곱 후 대입

아래 예제의 첫번째 출력문은 x변수에 10을 대입하고, x+1한 11을 다시 x변수에 대입해서 x변수의 값 11이 출력됐습니다. 덧셈한 결과를 다시 x변수에 대입하고 출력한 것입니다. 나머지 출력문도 모두 같은 형태입니다.

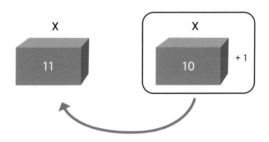

실습파일   ch03₩Ex08.py

```
x = 10
x += 1
print('x=', x)

x = 10
x -= 3
print('x=', x)

x = 10
x *= 2
print('x=', x)

x = 10
x /= 3
print('x=', x)

x = 10
x //= 7
print('x=', x)
```

```
x = 10
x %= 6
print('x=', x)

x = 10
x **= 3
print('x=', x)


[실행결과]
x= 11
x= 7
x= 20
x= 3.3333333333333335
x= 1
x= 4
x= 1000
```

3.3 관계연산자(비교연산자)

종류	설명
==	값이 같다.
!=	값이 같지 않다.
>	왼쪽 값이 오른쪽 값보다 크다.
<	왼쪽 값이 오른쪽 값보다 작다.
>=	왼쪽 값이 오른쪽 값보다 크거나 같다.
<=	왼쪽 값이 오른쪽 값보다 작거나 같다.

아래 예제에서 6과 9는 같지 않아서 ==의 결과는 False로 출력되고 !=의 결과는 True로 출력됩니다. 1은 3보다 크지 않으니 >의 결과는 False로, 4는 5보다 작거나 같으니 True로 출력됩니다.

실습파일   ch03₩Ex09.py

```
print(6 == 9)
print(6 != 9)
print(1 > 3)
print(4 <= 5)

[실행결과]
False
True
False
True
```

3.4 논리연산자

종류	설명
and	양쪽이 모두 true이면 결과도 true 양쪽 중 하나라도 false이면 결과도 false
or	양쪽 중 하나라도 true이면 결과도 true 양쪽이 모두 false이면 결과도 false
not	true는 false로, false는 true로 변환

아래 예제에서 첫번째 출력문은 0 < a 이 True이고 a < b가 True여서 True and True연 산이 되어 결과가 True로 출력됩니다. 두번째 출력문은 0 > a 가 False이고 a < b는 True 이므로 False or True연산이 되어 결과가 True로 출력됩니다. 마지막 출력문은 첫번째 출 력문의 결과 True에 not을 붙여서 not(True)로 연산이 돼서 False로 출력됩니다.

실습파일   ch03₩Ex10.py

```
a = 5
b = 10

print (0 < a and a < b) # True and True

print (0 > a or a < b) # False or True

print (not((0 < a) and (a < b))) # not(True) and (True)

[실행결과]
True
True
False
```

3.5 멤버연산자

종류	설명
in	연산자 왼쪽의 값이 오른쪽의 값에 포함되는지 검사
not in	연산자 왼쪽의 값이 오른쪽의 값에 포함되지 않는지 검사

아래 예제에서 첫번째 출력문은 "meet" 문자열이 s변수의 문자열에 포함되므로 True가 출력되고, 두번째 출력문은 "meet" 문자열이 s변수의 문자열에 포함되지 않으므로 False 가 출력됩니다. 세번째 출력은 "meet" 문자열이 s변수의 문자열에 포함되지 않으므로

True가 출력됩니다.

ch03₩Ex11.py

```
s = "Nice to meet you"
print("meet" in s)
print("Meet" in s)
print("Meet" not in s)

[실행결과]
True
False
True
```

3.6 연산자 우선순위

여러 연산자가 하나의 수식에 사용될 때 연산자 별로 우선순위에 따라 연산자가 사용됩니다. 연산자 우선순위는 아래와 같습니다.

우선순위	연산자
1	()
2	**
3	*, /, //, %
4	+, -
5	==, !=, >, >=, <, <=
6	not
7	and
8	or

수식에 +와 * 연산자가 같이 있으면 우선순위가 높은 * 연산이 먼저 진행되고, +와 * 중 우선순위가 낮은 +를 우선순위를 높여서 먼저 실행되게 하려면 +식을 ( )로 묶어줍니다. 산술연산자와 논리연산자가 같이 있으면 우선순위가 높은 산술연산자가 먼저 실행됩니다. 아래의 예제 x+1 > 10 에서는 덧셈연산자가 부등호보다 우선순위가 더 높으므로 덧셈 연산한 4와 10을 4>10 로 비교하게 됩니다.

```
x=3
y=4

result = x+1 * y+2
print(result)

result = (x+1)*( y+2)
print(result)

result = x+1 > 10   # 4>10
print(result)

result = x+1 > 10 or y+2>3   # 4>10 or 6>3
print(result)

[실행결과]
9
24
False
True
```

연습 문제 ① 국어점수, 영어점수, 수학점수 입력받아 아래와 같이 합계와 결과를 출력하는 코드를 작성해 보세요.

```
[실행결과]
국어점수 : 77
영어점수 : 87
수학점수 : 99
합계: 263
평균: 87.66666666666667
```

연습 문제 ② 두 문자열을 입력받아 첫번째 문자열1이 두번째 문자열2에 포함되어 있으면 True가 출력되고, 포함되어 있지 않으면 False를 출력하는 코드를 작성해 보세요.

```
[실행결과]
문자열1 입력 : meet
문자열2 입력 : Nice to meet you
True

문자열1 입력 : Meet
문자열2 입력 : Nice to meet you
False
```

QR

동영상강의 지금 바로 접속하기

## Chapter. 04

데이터
다루기

자료형에는 기본자료형이 있고, 집합자료형이 있습니다. 기본자료형에는 숫자형, 논리형이 있고 집합자료형 또는 컬렉션 자료형에는 문자열형, 리스트, 튜플, 셋, 딕셔너리 등이 있습니다. 이번장에서는 여러 데이터를 한 묶음으로 묶어서 관리, 처리할 수 있는 집합자료형의 리스트, 튜플, 셋, 딕셔너리에 대해 알아보겠습니다.

4.1 리스트(list)

리스트는 데이터를 잘 관리하기 위해 순서를 정하고 중복을 허용할 수 있는 자료형입니다. 리스트를 생성할 때에는 [ ] 기호를 사용합니다. 리스트를 생성 후 값의 변경도 가능합니다. 리스트 형식은 다음과 같습니다. 리스트의 요소에는 여러가지 자료형이 들어갈 수 있습니다.

```
[형식]
리스트변수 = [요소1, 요소2, 요소3, …]
```

아래 예제에서는 1, 'abc', 3을 [ ] 안에 넣어서 한 묶음의 리스트로 생성했습니다. L변수의 타입은 list이고 L변수로 관리되는 리스트 안의 요소의 개수는 len(리스트변수) 또는 리스트변수.__len__() 로 알아낼 수 있습니다. 밑줄(_)은 2개를 씁니다. 리스트 L의 요소에 접근할 때에는 index번호로 접근하는데 index번호는 0부터 시작합니다. L[0]은 리스트 L의 첫번째 요소인 1에 접근하는 방법입니다. 리스트의 마지막 요소부터 접근할 때에는 index번호 -1부터 시작합니다. L[-1]은 리스트 L의 맨 마지막 요소에 접근하는 방법입니다. L[3] 처럼 없는 위치에 접근하려고 하면 'indexerror: list index out of range' 라는 list의 범위를 벗어났다는 에러가 발생합니다.

실습파일 ch04₩Ex01.py

```
L = [1, 'abc', 3]
print(type(L))
print('L:',L) # L: [1, 2, 3]
print(len(L), L.__len__())
print('L[0]:', L[0])
print('L[1]:',L[1])
print('L[2]:',L[2])
print('L[-1]:',L[-1])
print('L[-2]:',L[-2])
# print(L[3]) # error

[실행결과]
<class 'list'>
L: [1, 'abc', 3]
3 3
L[0]: 1
L[1]: abc
L[2]: 3
L[-1]: 3
L[-2]: abc
```

리스트 위치 번호는 다음처럼 앞에서부터 셀 때에는 0부터 세고, 마지막부터 셀 때에는

-1부터 시작합니다. 그래서 1이라는 숫자 값은 L[0]에도 있고 L[-3]에 있다고도 할 수 있습니다.

리스트는 특정 범위를 정해서 그 범위 안의 요소만 슬라이싱해서 가져올 수 있습니다. 아래의 형식으로 작성하는데 시작위치부터 끝위치-1자리까지 가져옵니다.

```
[형식]
리스트변수[시작위치:끝위치]
```

리스트의 위치 번호(index번호)는 0부터 시작합니다. 리스트 L이 아래와 같을 때 L[1:2]는 1번째부터 2번째 앞의 요소까지 가져오라는 의미입니다. 그래서 2부터 3앞의 데이터인 2만 가져올 수 있습니다.

L[1:3]은 1번째부터 3번째 앞의 요소인 2와 3을 가져오라는 의미이고, L[1:7]은 1번째부터 7번앞의 요소인 6번째 요소까지 가져오라는 뜻인데 해당 위치의 데이터가 없으면(5번째, 6번째) 리스트의 마지막 요소까지만 가져옵니다.

L[1:len(L)]은 1번째 요소부터 길이(5)보다 작은 4번째 위치까지 접근하라는 의미입니다.

실습파일 ch04₩Ex02.py

```
L = [1,2,3,4,5]
print(L[1:2])
print(L[1:3])
print(L[1:7])
print(L[1:len(L)])

[실행결과]
[2]
[2, 3]
[2, 3, 4, 5]
[2, 3, 4, 5]
```

다음과 같은 형태로 시작 위치와 끝 위치를 설정할 수도 있습니다.

```
1        L = [1,2,3,4,5]
2        print(L[2:1])
3        print(L[1:-2])
4        print(L[1:])
5        print(L[:1])
6        print(L[:])

[실행결과]
[]
[2, 3]
[2, 3, 4, 5]
[1]
[1, 2, 3, 4, 5]
```

2: 리스트의 시작 위치가 끝 위치보다 더 뒤면 가져올 수 있는 것이 없습니다.

3: 1위치부터 -2위치인 4앞의 데이터 3까지 가져옵니다.

4: 1위치부터 끝까지 가져옵니다.

5: 0위치부터 1위치 앞의 데이터까지 가져옵니다.

6: 리스트의 모든 요소를 가져옵니다.

리스트+리스트를 하면 리스트가 연결되고, 리스트 * 2하면 리스트가 2번 반복해서 나옵니다.

```
L = [1,2,3,4,5]
print(L+L)
print(L * 2)

[실행결과]
[1, 2, 3, 4, 5, 1, 2, 3, 4, 5]
[1, 2, 3, 4, 5, 1, 2, 3, 4, 5]
```

리스트는 변경이 가능합니다. 아래와 같이 2번째 위치의 데이터 값을 변경할 수 있습니다.

```
L = [1,2,3,4,5]
print(L[2])
L[2]=10
print(L[2])
print('L:',L)

[실행결과]
3
10
L: [1, 2, 10, 4, 5]
```

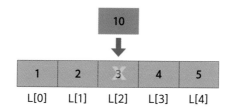

4.2 중첩리스트

리스트 안에 요소로는 여러 형태의 데이터가 들어갈 수 있는데 리스트 안의 요소로 리스트가 들어갈 수 있습니다. 그런 형태를 중첩 리스트라고 합니다. 리스트 L이 L = [['a','b'], [1,2,3]] 이런 형태일 때 리스트 L의 요소는 ['a','b']와 [1,2,3] 이렇게 2개가 있는 것입니다. 그래서 리스트 L의 길이를 구해보면 len(L)은 2입니다. 이 리스트 L을 그림으로 그려보면 다음과 같습니다.

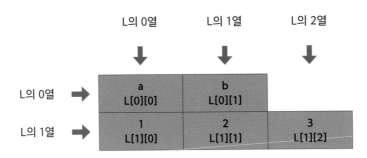

첫번째 요소에 접근하려면 L[0]으로 0번째 요소인 ['a', 'b']에 접근할 수 있습니다. 0번째 요소를 L의 0행이라고 합니다. 0번째 요소인 ['a', 'b']의 0번째 요소 'a'에 접근하려면 L[0][0]으로 접근합니다. L[0][0]을 L의 0행 0열이라고 합니다. 3에 접근하려면 L[1]로 L의 1번째 요소인 1행의 [1,2,3]에 먼저 접근하고 거기서 2번째 위치에 접근해야 하므로 L[1][2]의 형태로 접근합니다. L[1][2]를 L의 1행 2열이라고 합니다. 없는 위치인 print(L[0][2])에 접근하면 'indexerror: list index out of range' 라는 없는 위치에 접근했다는 에러가 발생합니다.

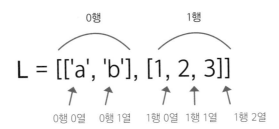

```
L = [['a','b'], [1,2,3]]
print('L:',L)
print(L[0][0])
print(L[1][1])
print(L[1][2])
# print(L[0][2]) # 에러

print(L[0])
print(L[1])
print('행의 개수:',len(L))
print('0행의 열의개수 :', len(L[0]))
print('1행의 열의개수 :', len(L[1]))

[실행결과]
L: [['a', 'b'], [1, 2, 3]]
a
2
3
['a', 'b']
[1, 2, 3]
행의 개수: 2
0행의 열의개수 : 2
1행의 열의개수 : 3
```

리스트안의 문자열은 그 자체로 하나의 리스트 처리가 됩니다. 아래 예제에서 s[0]은 happy이고 s[0]행의 [1]열에 있는 s[0][1]은 a가 됩니다. 이렇게 리스트의 요소로 문자열이 있으면 중첩 리스트 처리 됩니다.

```
s = ['happy' , 'day']
print('s:', s)
print(s[0])
print(s[0][1])

[실행결과]
s: ['happy', 'day']
happy
a
```

미리 만들어놓은 리스트 안에 또 다른 리스트를 아래와 같은 방법으로 추가할 수 있습니다. 아래 예제에서 L2[1:1]=L1은 L2의 1번째 위치부터 1번째 위치 앞에 L1을 넣으라는 뜻입니다. 그러니까 'end' 앞에 L1 리스트를 삽입합니다. L2[0] 위치의 'begin' 문자열은 리스트 처리되서 'b'에 L2[0][0]으로 접근할 수 있습니다.

```
L1 = [1, 2, 3]
L2 = ['begin', 'end']
L2[1:1]=L1
print('L2:',L2)
print ('len(L2):',len(L2))
print (L2[0][0])

[실행결과]
L2: ['begin', 1, 2, 3, 'end']
len(L2): 5
b
```

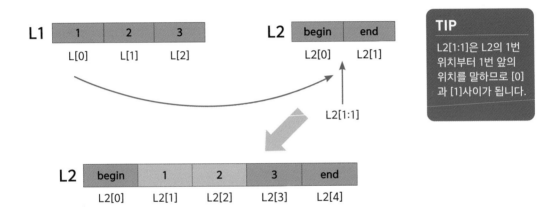

TIP

L2[1:1]은 L2의 1번 위치부터 1번 앞의 위치를 말하므로 [0]과 [1]사이가 됩니다.

아래 예제의 L2[1:2]= L1은 1번째 위치부터 2번째 위치 앞에 L1을 넣으라는 뜻입니다. 그러니까 'end' 자리에 L1 리스트가 들어가서 'end'가 1,2,3으로 대체됩니다.

```
L1 = [1,2,3]
L2 = ['begin', 'end']
L2[1:2]= L1
print('L2:',L2)
print ('len(L2):',len(L2))
print (L2[0][0])

[실행결과]
L2: ['begin', 1, 2, 3]
len(L2): 4
b
```

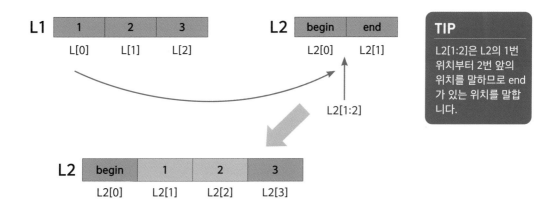

TIP

L2[1:2]은 L2의 1번 위치부터 2번 앞의 위치를 말하므로 end 가 있는 위치를 말합 니다.

리스트와 관련된 여러 가지 함수에 대해 알아보겠습니다.

함수명	기능	형식
append	추가	리스트.append (추가하려는 값)
insert	삽입	리스트.insert (인덱스위치, 추가하려는 값)
remove	삭제	리스트.remove (삭제하려는 값)
sort	정렬	리스트.sort ()
set	중복제거	set (리스트)

아래 예제에서 리스트 L에 append를 하면 기존 리스트의 맨뒤에 요소가 추가됩니다. 리스트 L에 insert를 하면 3번째 위치에 4가 추가됩니다. 그래서 3번째 위치의 5가 뒤로 밀려서 4번째에 배치됩니다. append는 맨뒤에 추가하고, insert는 중간에 삽입하는 함수입니다.

실습파일 ch04₩Ex10.py

```
L = [11, 12, 13]
L.append(5)
print('L:', L)

L.insert(3, 4)
print('L:',L)

[실행결과]
L: [11, 12, 13, 5]
L: [11, 12, 13, 4, 5]
```

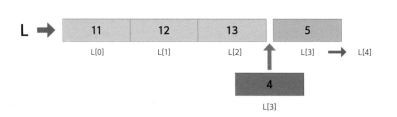

TIP

insert를 하면
L[3]에 있던 5가
L[4]로 이동하고
L[3]에는 4가 들어옵
니다.

set함수를 이용하면 리스트에서 중복을 제거할 수 있습니다. 아래 예제의 리스트에 a와 b가 중복되는데 set(리스트)를 사용하니 중복이 제거되고 b,d,a,c만 { }로 둘러싸여 나왔습니다. set(리스트) 함수는 중복을 제거한 리스트를 반환하는 함수인데 매번 다른 결과를 냅니다.

실습파일　ch04₩Ex11.py

```
li = ["a","b","c","d","a","b"]
print('li:',li)
li2 = set(li)
print('li2:',li2)

[실행결과]
li: ['a', 'b', 'c', 'd', 'a', 'b']
li2: {'b', 'd', 'a', 'c'}
```

4.3 튜플

튜플은 리스트처럼 여러 데이터를 관리하기 위한 자료형입니다. 튜플을 생성할 때에는 ( ) 기호를 사용합니다. 리스트와 달리 튜플은 생성 후 값의 변경을 할 수 없습니다. 튜플은 아래와 같이 여러 방법으로 생성할 수 있고 요소에는 여러가지 자료형이 들어갈 수 있습니다.

```
[형식]

튜플변수 = ( )
튜플변수 = (요소1,   )
튜플변수 = (요소1, 요소2, 요소3,…)
튜플변수 = 요소1,
```

```
1          t1 = ()
2          t2 = (1,2,3)
3          t3 = 1,2,3
4          t4 = (1,)
5          t5 = 1,
6          t6 = (1)
7          t7 = 1
8          print(t1,type(t1))
9          print(t2,type(t2))
10         print(t3,type(t3))
11         print(t4,type(t4))
12         print(t5,type(t5))
13         print(t6,type(t6))
14         print(t7,type(t7))

[실행결과]
() <class 'tuple'>
(1, 2, 3) <class 'tuple'>
(1, 2, 3) <class 'tuple'>
(1,) <class 'tuple'>
(1,) <class 'tuple'>
1 <class 'int'>
1 <class 'int'>
```

1: ()만 있고 () 안이 비어 있어도 비어있는 튜플이 됩니다.

3: ()가 없어도 튜플입니다.

4: 자료가 1개일 때에는 반드시 콤마(,)가 있어야 튜플입니다.

5: ()가 없어도 튜플이 되는데 자료가 1개일 때에는 반드시 콤마(,)가 있어야 튜플입니다.

6~7: 콤마(,)가 없는 데이터는 튜플이 아닙니다. 그래서 type은 int로 나옵니다. 튜플의 요소에는 여러가지 자료형이 들어갈 수 있습니다. 튜플의 각 요소에 접근하는 방법은 리스트와 같습니다.

```
tp1 = ("a","b","c","a","b")
print('tp1:',tp1,type(tp1))

tp2 = ("a","b",1,2,"a",True)
print('tp2:',tp2,type(tp2))

tp2 = ("a","b",1,2,"a",True)
print(tp2[1:3])

[실행결과]
tp1: ('a', 'b', 'c', 'a', 'b') <class 'tuple'>
tp2: ('a', 'b', 1, 2, 'a', True) <class 'tuple'>
('b', 1)
```

set은 리스트나 튜플에서 중복을 제거합니다. 아래처럼 set(리스트) 또는 set(튜플)을 작성하면 리스트나 튜플에서 중복을 제거한 set 타입의 값을 리턴합니다. 리턴되는 결과는 순서가 없이 매번 달라질 수 있습니다.

실습파일   ch04₩Ex14.py

```
ls1 = ["a","b",1,2,"a"]
tp1 = ("a","b",1,2,"a")

s1 = set(ls1)
print('s1:',s1,type(s1))

s2 = set(tp1)
print('s2:',s2,type(s2))

[실행결과]
s1: {1, 2, 'b', 'a'} <class 'set'>
s2: {1, 2, 'b', 'a'} <class 'set'>
```

4.4 딕셔너리

딕셔너리는 사전이라고도 하는 자료형으로 키(key)와 값(value)의 쌍으로 데이터 하나를 표현합니다. 딕셔너리를 이용해서 데이터를 표현할 때에는 이름:이몽룡, 나이:30, 주소:서울 과 같이 작성하는데 ':'을 기준으로 왼쪽의 이름, 나이, 주소를 키(key) 라고하고, 오른쪽의 이몽룡, 30, 서울을 값(value) 이라고 합니다. 키와 값을 한 쌍으로 각각의 데이터를 표현합니다.

딕셔너리의 형식은 아래와 같이 { } 기호를 사용합니다. { } 안에 키와 값을 ':'으로 구분하고 여러 데이터는 쉼표(,)로 연결하는 형태로 작성합니다.

```
[형식]
{key1:value1, key2:value2, key3:value3, … }
```

딕셔너리 생성

실습파일   ch04₩Ex15.py

```
d = {'name':'홍길동', 'age':'20', 'addr':'서울'}
print(d)

[실행결과]
d: {'name': '홍길동', 'age': '20', 'addr': '서울'}
```

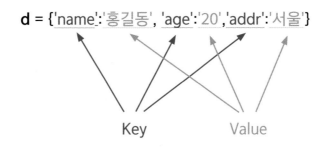

key는 반드시 ' ' 로 문자열 처리하고 value는 문자일 때에는 ' '로 묶어서 문자열
처리하고, 숫자일 때에는 ' ' 없이 숫자만 쓰는 것도 가능합니다. age '20'은 '20'도 20도
가능합니다.

위의 딕셔너리 d에서 age키 값만 가져오고 싶을 때에는 딕셔너리명[키]로 작성합니다.
아래처럼 d['age']를 작성하면 딕셔너리 d에서 age키에 해당하는 value값 20을
가져옵니다. addr도 마찬가지입니다. 딕셔너리에 없는 height 키는 가져올 수 없어서
d['height']는 keyerror가 발생합니다.

실습파일   ch04₩Ex16.py

```
d = {'name':'홍길동', 'age':'20', 'addr':'서울'}
print(d['age'])
print(d['addr'])
# print(d['height']) # KeyError: 'height' 발생

[실행결과]
20
서울
```

딕셔너리의 value를 변경하고 싶으면 딕셔너리명[key]=value로 작성합니다. 이미
딕셔너리에 존재하는 키이면 설정하는 값으로 변경되고, 존재하지 않는 키이면 새로운 키와
값이 생성됩니다. 아래 예제에서는 딕셔너리(사전)에 이미 존재하는 age와 addr를 다른
값으로 변경하고 존재하지 않는 height를 새로운 키로 설정하고 있습니다.

```
d = {'name':'홍길동', 'age':'20', 'addr':'서울'}
print('d:',d)

d['age'] = 30;
d['addr'] = '제주'
d['height'] = 167.8
print('d:',d)

[실행결과]
d: {'name': '홍길동', 'age': '20', 'addr': '서울'}
d: {'name': '홍길동', 'age': 30, 'addr': '제주', 'height': 167.8}
```

name은 그대로 나오고, age와 addr는 새로 설정하니까 변경되고 없던 height는 새로 생성되었습니다.

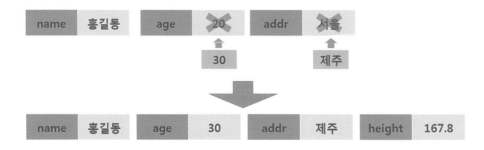

사전에 특정 키가 포함되어 있는지 알고 싶을 때에는 in 연산자를 사용합니다.

```
d = {'name':'홍길동', 'age':'20', 'addr':'서울'}
print('name' in d)
print('tel' in d)

[실행결과]
True
False
```

사전 d에 name키가 있으므로 True가 출력되고, 사전 d에 tel 키가 없으므로 False가 출력됩니다.

```
[형식]
dict( )
dict(key1=value1, key2=value2,…)
```

딕셔너리(사전)는 dict( ) 함수를 사용해서 생성할 수도 있습니다.

ch04₩Ex19.py

```
d = dict( ) # 비어있는 사전 생성
print(d)
print(dict(one=1, two=2))

[실행결과]
{}
{'one': 1, 'two': 2}
```

TIP

d = dict( )는
d = { }와 같이
비어있는 사전을
만듭니다.

딕셔너리에서 사용되는 여러가지 함수

딕셔너리에는 딕셔너리를 다룰 수 있는 여러가지 함수가 있습니다.

함수명	기능	형식
keys	딕셔너리의 키만 가져옵니다.	딕셔너리.keys( )
values	딕셔너리의 값만 가져옵니다.	딕셔너리.values( )
items	딕셔너리의 키와 값의 쌍을 튜플의 형태로 가져옵니다.	딕셔너리. items ( )
get	딕셔너리 특정 키의 값을 가져옵니다.	딕셔너리.get( )
update	딕셔너리의 내용을 변경 또는 추가합니다.	딕셔너리1.update(딕셔너리2)
clear	딕셔너리의 내용을 삭제합니다.	딕셔너리.clear( )
pop	딕셔너리에서 해당 키의 데이터를 삭제합니다.	딕셔너리.pop(키)

딕셔너리의 함수 중 keys( )는 키만 가져오는 함수이고 values( )는 값만 가져오는 함수입니다. items( ) 함수는 키와 값의 쌍을 튜플의 형태로 묶어서 dict_items라는 객체 형태로 리턴하는 함수입니다. 객체라는 것은 하나의 데이터를 표현할 때 그 데이터에 속성과 기능을 넣은 것입니다. 객체에 대한 설명은 8장에서 하겠습니다.

ch04₩Ex20.py

```
d = {'name':'홍길동', 'age':'20', 'addr':'서울'}
print(d.keys( ))
print(d.values( ))
print(d.items( ))

[실행결과]
dict_keys(['name', 'age', 'addr'])
dict_values(['홍길동', '20', '서울'])
dict_items([('name', '홍길동'), ('age', '20'), ('addr', '서울')])
```

딕셔너리에서 특정 키의 값을 가져오는 get( ) 함수가 있습니다. 딕셔너리명.get(키)는

값을 리턴합니다. 아래에서 d.get('name')은 name키의 값인 홍길동을 리턴하는데 이것은
d['name']과 같은 결과값을 냅니다. 존재하지 않는 키인 'gender'를 d.get('gender')
함수로 가져오려고 하면 None이 출력되고 d['gender']의 형태로 작성하면 KeyError가
발생합니다.

실습파일 ch04₩Ex21.py

```
d = {'name':'홍길동', 'age':'20', 'addr':'서울'}
print (d.get('name'))
print (d.get('addr'))
print (d.get('gender'))
# print(d['gender']) #KeyError: 'gender'

[실행결과]
홍길동
서울
None
```

딕셔너리의 내용을 다른 내용으로 변경하거나 추가할 때 사용하는 함수로 update( )가
있습니다. 딕셔너리1.update(딕셔너리2) 의 형식으로 작성하면 딕셔너리1의 내용이
딕셔너리2의 내용으로 변경되거나 없는 항목이면 추가됩니다.

실습파일 ch04₩Ex22.py

```
d = {'name':'홍길동', 'age':'20'}
d2 = {'name':'이몽룡','gender':'남자'}
print('d:',d)
d.update(d2)
print ('d:',d)

[실행결과]
d: {'name': '홍길동', 'age': '20'}
d: {'name': '이몽룡', 'age': '20', 'gender': '남자'}
```

d에 있던 name키의 값 홍길동은 d2의 name키 값인 이몽룡으로 변경되고 d에 없던
gender는 추가되었습니다.

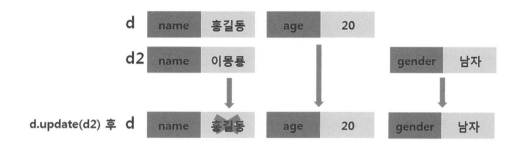

clear( )는 딕셔너리의 내용을 모두 삭제하는 함수입니다. del 키워드로도 삭제 할 수 있는데 del은 딕셔너리 자체를 삭제합니다.

실습파일   ch04WEx23.py

```
d = {'name':'홍길동', 'age':'20'}
d.clear( )
print ('d:',d)
del d
print ('d:',d)

[실행결과]
d: {}
NameError: name 'd' is not defined
```

clear를 사용해서 딕셔너리를 삭제하면 딕셔너리 안의 내용이 모두 삭제되고 결과는 비어있는 딕셔너리의 형태 { }로 나옵니다. del d는 딕셔너리 d 자체를 삭제하므로 더 이상 d라는 딕셔너리가 존재하지 않게되서 del d 후에 d를 출력하려고 하면 NameError가 발생합니다.

연습 문제 ① 아래와 같이 2개의 리스트가 있을 때 L1 리스트 출력 시 다음과 같은 실행 결과가 나오도록 L1에 L2를 삽입하는 코드를 작성하시오.

```
L1 = ['very', 'interesting', 'study']
L2 = ['Python']
# 이곳에 작성

print(L1)

[실행결과]
['very', 'interesting', 'Python', 'study']
```

연습 문제 ② 두 변수에 각각의 문자열을 넣고 word1='hello', word2='python' 문자열을 키로, 문자열의 길이를 값으로 갖는 아래와 같은 사전을 생성 하시오.

```
[실행결과]
d: {'Hello': 5, 'Python': 6}
```

QR

동영상강의 지금 바로 접속하기

Chapter. 05

제어문과
반복문

프로그램은 물 흐르듯 순서대로 처리가 되는데 조건 설
정을 해서 특정 부분을 처리할 수도 있고, 처리하지 않을
수도 있습니다. 또한 특정 부분을 반복해서 처리할 수도
있습니다. 이번장에서는 조건설정을 하는 제어문과 반복
처리하는 반복문에 대해서 알아보겠습니다.

일상 생활을 하다 보면 상황에 따라 해야 할 일이 다를 때가 있습니다. 이와 마찬가지로 프로그래밍을 하다 보면 조건에 따라 처리해야 할 항목이 달라질 수 있는데 그럴 때 사용하는 것이 제어문 입니다.

제어문을 공부하기 전에 먼저 순서도에 대해 알아보겠습니다. 순서도는 프로그램의 실행 흐름을 여러가지 기호, 도형과 문자로 나타낸 그림입니다.

기호	설명
	순서의 시행/종료
	준비 (변수와 초기값 선언)
	처리
	미리 정의한 부프로그램 호출
	데이터 출력
	데이터 입출력
	판단 (조건에 따라 비교 판단 후 분기)
	순서도 기호간의 연결 및 작업의 흐름을 표시

5.1 제어문

제어문은 프로그램의 순차적인 흐름을 조건에 따라 제어하는 문장입니다. 제어문에는 if문이 있습니다. if는 조건에 따라 실행해야 할 내용이 다를 때 사용하는 제어문입니다. 형식은 아래와 같이 3가지 종류가 있습니다. 지정한 조건에 참일 때에만 실행할 문장이 있으면 형식1의 형식을 사용합니다.

```
[형식]
if 조건문 :
        조건문이 참일 때 실행할 문장1
        조건문이 참일 때 실행할 문장2
                     :
```

```
1:        su = 10
2:        if su % 2 == 0 :
3:            print( su, "(은)는 짝수이다.")
4:        print( su, "하하하")

[실행결과]
10 (은)는 짝수이다.
10 하하하

su = 11로 수정하고 실행했을 때
[실행결과]
11 하하하
```

위 예제는 su변수의 값을 2로 나눴을 때 나머지가 0과 같으면 3행의 출력문을 출력한다는 if 제어문 입니다. 2행의 조건인, 'su변수의 값을 2로 나눴을 때 나머지가 0가 같다'가 참이면 3행을 실행합니다. 조건이 참일 때 실행하는 문장은 들여쓰기 해서 작성합니다. 스페이스를 눌러도 되지만 일반적으로 탭키를 눌러서 들여쓰기를 합니다. 파이썬에서는 들여쓰기가 제대로 되지 않으면 실행이 안되고 에러가 납니다. 2행에 작성한 조건문이 참이면 그 아래 들여쓰기 한 문장이 실행되고 다시 내어쓰기 한 4행은 조건의 참, 거짓에 상관없이 무조건 처리됩니다. su=11로 수정하고 실행하면 '2로 나누었을 때 나머지가 0과 같다'는 조건에 거짓이므로 들여쓰기 한 3행은 실행이 안되고 조건의 참, 거짓에 상관없이 무조건 실행되는 4행은 실행됩니다. 위의 if문은 순서도로 그려보면 아래와 같습니다.

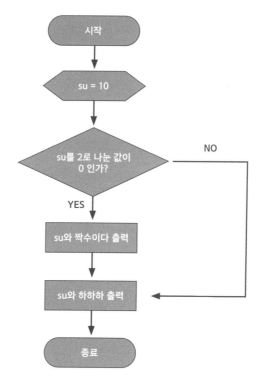

87

지정한 조건에 참일 때와 참이 아닐 때 실행할 문장이 따로 있다면 아래 형식2의 형식을
사용합니다.

```
[형식2]
if 조건문 :
        조건문이 참일 때 실행할 문장1
        조건문이 참일 때 실행할 문장2
                    :
else :
        조건문이 참이 아닐 때 실행할 문장1
        조건문이 참이 아닐 때 실행할 문장2
                    :
```

실습파일 ch05₩Ex02.py

```
1:      su = 10
2:      if su % 2 == 0:
3:          print(su,  "(은)는 짝수이다.")
4:          print('짝짝짝')
5:      else:
6:          print(su,  "(은)는 홀수이다.")
7:          print('홀홀홀')
8:      print('if문 끝')

[실행결과]
10 (은)는 짝수이다.
짝짝짝
if문 끝

su = 11로 수정하고 실행했을 때
[실행결과]
11 (은)는 홀수이다.
홀홀홀
if문 끝
```

2: 조건이 참일 때 아래 들여쓰기 한 3행~4행이 실행되고 맨 아래 들여쓰기 하지 않은 8행
   은 조건의 참, 거짓에 상관없이 무조건 실행됩니다.

5: 5행의 else는 2행의 조건이 참이 아닐 때 실행되는 부분으로 else 아래 들여쓰기 한 6행
   ~7행이 실행되고 맨 아래 들여쓰기 하지 않은 8행은 조건의 참, 거짓에 상관없이 무조
   건 실행됩니다. 위의 예제를 순서도로 그리면 아래와 같습니다.

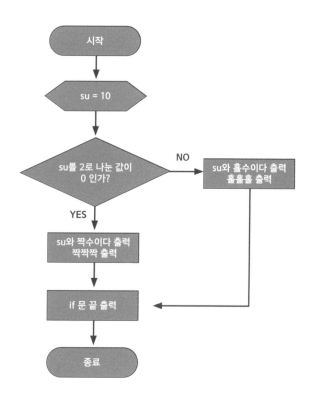

조건이 여러 개 있을 때에는 아래 형식3의 형식을 사용합니다.

```
[형식3]

if 조건문1 :
        조건문1이 참일 때 실행할 문장
                                                  :
elif 조건문2 :
        조건문1은 참이 아니고  조건문2가 참일 때 실행할 문장
                                                  :

elif 조건문3 :
        조건문1과 2가 참이 아니고  조건문3이 참일 때 실행할 문장
                                                  :
else :
        위의 모든 조건이 참이 아닐 때 실행할 문장
```

형식 3을 사용한 예제를 보겠습니다.

```
1:        score = 85
2:
3:        if score >= 90 :
4:            print( 'A 학점' )
5:
6:        elif score >= 80  :
7:            print('B 학점')
8:
9:        elif score >= 70 :
10:            print('C 학점')
11:
12:        elif score >= 60 :
13:            print('D 학점')
14:
15:        else :
16:            print('F 학점')
17:        print('if문 끝')

[실행결과]
B 학점
```

조건이 여러 개 있을 때에는 if~ elif~else를 사용합니다.

3: 첫 번째 조건 score>=90 이라는 조건을 만족하면 바로 아래 들여쓰기 한 4행이 실행됩니다.

6: 3행의 첫 번째 조건을 만족하지 않아서 두 번째 조건을 새로 설정할 때에는 elif를 사용합니다. elif 조건2는 위의 조건에 만족하지 않지만 조건2에는 만족한다면.. 의 뜻입니다. 이런 식으로 3번째 조건 4번째 조건을 설정할 수 있고 모든 조건에 만족하지 않으면 15행의 else가 실행됩니다. 마지막에는 무조건 맨 마지막 내어쓰기 한 17행이 실행됩니다.

아래는 위의 if~elif~else 예제를 순서도로 그린 것입니다.

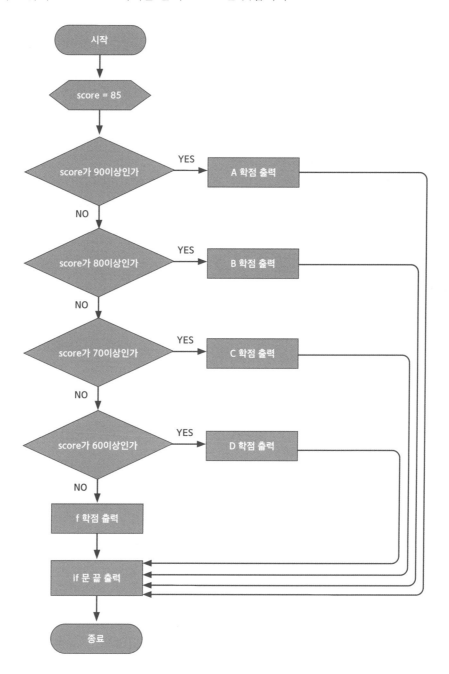

아래의 예제에서는 조건문에 and 연산자를 넣어서 동시만족을 하는지 체크 합니다. score 는 70으로 score%5==0과 score%7==0 두 조건에 모두 True이므로 True and True의 결 과 True가 되어 조건문 바로 아래 들여쓰기한 문장이 출력되고 그 다음 내어쓰기한 '프로 그램 종료'도 무조건 출력됩니다. score가 30이면 score%5==0 의 조건에만 True이므로 ' 프로그램 종료'만 출력됩니다.

실습파일 ch05WEx04.py

```
score = 70
if score % 5 == 0 and score % 7 == 0:
    print( ' 5의 배수이면서 7의 배수 ' );
print( ' 프로그램 종료 ' )

[실행결과]
5의 배수이면서 7의 배수
프로그램 종료
```

5.2 반복문

어떤 문장을 여러 번 반복하고 싶을 때에는 반복문을 사용합니다. 파이썬에서 사용하는 반 복문에는 for와 while이 있습니다.

for

for 반복문의 형식은 아래와 같습니다.

```
[형식]
for 변수 in 반복할 대상 :
        반복할 문장1
        반복할 문장2
              :
```

for문 형식에서 반복할 대상 자리에 들어갈 수 있는 형태는 range( ), 리스트, 튜플, 문자열, enumerate 등 여러 가지가 있습니다.

range( )는 파이썬 내장함수로 일정 범위를 나타낼 때 사용합니다. 형식은 아래와 같이 3가 지가 있습니다.

```
[형식]
range(끝)
```

range(5)는 0부터 1씩 증가해서 5-1인 4까지를 의미합니다. 끝 자리의 숫자 5는 포함 안되고 그 이전 숫자 까지만 포함합니다. 그래서 0,1,2,3,4의 숫자를 범위로 설정할 수 있습니다.

```
[형식2]
range(시작, 끝)
```

range(3,8)는 3부터 1씩 증가해서 8-1인 7까지를 의미합니다. 끝 자리의 숫자 8는 포함 안되고 그 이전 숫자 까지만 포함합니다. 그래서 3,4,5,6,7의 숫자를 범위로 설정할 수 있습니다.

```
[형식3]
range(시작, 끝, 증가 또는 감소값)
```

range(3,10,2)는 3부터 2씩 증가해서 10-1인 9까지를 의미합니다. 끝 자리의 숫자 10 포함 안되고 그 이전 숫자 까지만 포함합니다. 그래서 3,5,7,9의 숫자를 범위로 설정할 수 있습니다.

실습파일   ch05ㅆEx05.py

```
1:      for i in range(5):
2:          print(i, end=' ')
3:      print('-----------')

[실행결과]
0 1 2 3 4 -----------
```

range(5)는 0~4의 숫자를 의미합니다. 위의 코드를 순서도로 그리면 아래와 같습니다.

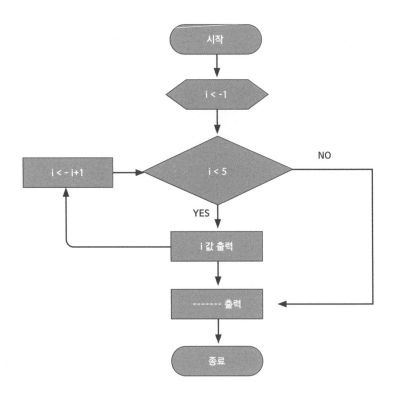

반복할 대상 자리의 range(5)로 인해 0~4의 숫자가 하나씩 i에 들어옵니다. 0이 제일먼저 i변수에 들어오고 for 아래 들여쓰기 한 2행이 실행되어 1이 출력됩니다. 다시 1이 i변수에 들어오고 for 아래 들여쓰기 한 2행이 실행되어 2가 출력됩니다. 이런 식으로 0~4가 차례로 i변수에 들어오고 for아래 들여쓰기 한 한 줄 2행이 5번에 걸쳐 실행되고 더 이상 반복할 숫자가 없으면 내어쓰기 한 3행이 실행됩니다.

실습파일   ch05\Ex06.py

```
1:      for i in range(3,8):
2:          print(i, end=' ')
3:      print('-----------')

[실행결과]
3 4 5 6 7 -----------
```

range(3,8)에서 시작 숫자는 3이고 끝 숫자는 8이니까 i변수에 3부터 8-1인 7의 숫자가 들어오고 숫자 하나가 i변수에 들어올 때마다 for아래 들여쓰기 한 2행을 실행합니다. 더 이상 반복할 숫자가 없으면 내어쓰기 한 3행이 실행됩니다.

아래 예제는 3,5,7,9 숫자의 합계를 구하는 예제입니다.

실습파일 ch05₩Ex07.py

```
1:        total = 0
2:        for i in range(3,10,2):
3:            print(i, end=' ')
4:            total += i # total = total+i
5:        print()
6:        print('3부터 9까지 2씩 건너뛴 총합은 %d입니다' % total);
7:        print('3부터 9까지 2씩 건너뛴 총합은 {}입니다'.format(total));

[실행결과]
3 5 7 9
3부터 9까지 2씩 건너뛴 총합은 24입니다
3부터 9까지 2씩 건너뛴 총합은 24입니다
```

1: 반복되는 숫자의 합계를 누적할 변수를 0으로 초기화합니다. 변수가 초기화되어 있어야 누적할 수 있습니다.

2: range(3,10,2)로 3부터 2씩 증가해서 9까지 3,5,7,9의 숫자를 i변수에 넣고 들여쓰기 한 3행과 4행을 반복합니다. 4행에서 증가되는 i변수를 total변수에 누적합니다. total += i는 total = total+i로 변경 가능합니다. 반복이 끝난 후 5행~7행의 내용을 실행합니다. 위의 예제에서 range( )를 range(9,2,-2)로 하면 9,7,5,3 의 숫자가 반복되면서 합계를 구하게 되므로 총합의 결과는 같게 나옵니다.

for문의 반복할 대상 자리에는 리스트가 들어갈 수 있습니다.

실습파일 ch05₩Ex08.py

```
jumsu = [90, 25, 67, 45, 80]
print('jumsu=',jumsu)

print('jumsu 길이1:',jumsu.__len__())
print('jumsu 길이2:',len(jumsu))

[실행결과]
jumsu= [90, 25, 67, 45, 80]
jumsu 길이1: 5
jumsu 길이2: 5
```

리스트 안의 요소의 개수는 위와 같이 리스트명.__len__() 이나 len(리스트명)으로 알아 낼 수 있습니다. 밑줄(_)은 2개를 사용합니다. 위의 리스트를 for문 사용해서 각각의 요소에 접근해 보겠습니다.

```
jumsu = [90, 25, 67, 45, 80]
for js in jumsu:
    print(js)

[실행결과]
90
25
67
45
80
```

jumsu 리스트를 for문의 반복할 대상 자리에 놓고 반복하면 각 요소의 값이 하나씩 변수 js에 들어가고 들여쓰기 한 print(js)로 하나씩 출력이 됩니다.

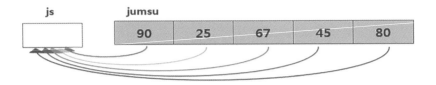

```
jumsu = [90, 25, 67, 45, 80]
for js in range(len(jumsu)) :
    print(js,jumsu[js])

[실행결과]
0 90
1 25
2 67
3 45
4 80
```

len(jumsu)로 jumsu 리스트의 개수 5를 구한 후 range( )에 넣으면 range(5)가 되면서 js에는 0,1,2,3,4가 차례로 들어가고 jumsu[js]를 하면 0번 위치의 요소 값 90, 1번 위치의 요소값 25 등 각 위치의 요소 값이 차례로 출력됩니다. 위의 jumsu리스트를 튜플 형태인 jumsu = (90, 25, 67, 45, 80) 로 작성하고 for문 실행해도 위의 결과와 같게 나옵니다. 아래처럼 리스트의 요소로 튜플이 있는 경우를 보겠습니다.

```
L = [(1, 2,3), ( 4,5,6), (7,8,9)]

for first in L :
        print('first:{}'.format(first))

[실행결과]
first:(1, 2, 3)
first:(4, 5, 6)
first:(7, 8, 9)
```

리스트 L을 반복하면 첫 번째 요소인 (1,2,3) 튜플이 first 변수에 들어와서 (1,2,3)이 출력되고, 또 그 다음 튜플인 (4,5,6)이 first 변수에 들어와서 (1,2,3)이 출력됩니다.

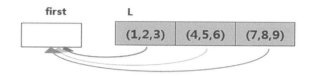

이 리스트 L을 반복해서 아래처럼 3개의 변수에 나눠 담아 보겠습니다.

```
L = [(1,2,3), (4,5,6), (7,8,9)]

for first, second, third in L :
        print('first:{}, second:{}, third:{}'.format(first, second, third))

[실행결과]
first:1, second:2, third:3
first:4, second:5, third:6
first:7, second:8, third:9
```

위의 예제에서 L에는 요소 3개가 튜플 형태로 들어 있습니다. 이 리스트를 반복하게 되면 리스트 안의 요소인 튜플 3개중 하나를 for문의 first, second, third변수에 나누어 넣고 각각의 값을 출력할 수 있습니다.

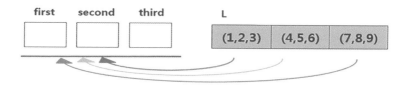

for문의 반복할 대상에는 enumerate가 올 수 있습니다. enumerate를 사용하면 반복할 대상의 위치번호까지 알아낼 수 있습니다.

실습파일 ch05₩Ex13.py

```
jumsu = [90, 25, 67, 45, 80]
for js in enumerate(jumsu):
    print (js)
print( )
[실행결과]
(0, 90)
(1, 25)
(2, 67)
(3, 45)
(4, 80)
```

반복 대상인 jumsu에서 요소 하나씩 꺼내서 js 변수에 넣는데 90의 위치 번호(또는 index) 0번까지 같이 (0,90) 튜플 형태로 넣습니다. 리스트 안의 모든 요소에 접근할 때까지 반복합니다.

실습파일 ch05₩Ex14.py

```
jumsu = [90, 25, 67, 45, 80]
for js1, js2 in enumerate(jumsu, start=3):
    print (js1,'/', js2)

[실행결과]
3 / 90
4 / 25
5 / 67
6 / 45
7 / 80
```

반복 대상 jumsu를 js1과 js2에 나눠서 받게 되면 첫 번째 변수 js1에는 위치 번호(또는 index)가 들어가고, 두 번째 변수 js2에는 요소의 값이 들어갑니다. 그런데 start속성을 설정하면 설정된 값 3부터 index가 시작되어 js1에는 3부터 들어갑니다.

다음 예제는 딕셔너리(사전)를 반복 대상 자리에 넣어서 반복한 예제입니다.

```
1:        D = {'name':'홍길동', 'age':'20', 'gender':'남자'}
2:        print('D:',D)
3:
4:        for key in D:
5:            print (key,'/', D[key], '/', D.get(key))
6:        print('------------------------')
7:
8:        for key in D.keys( ):
9:            print (key, D[key], D.get(key))
10:       print('~~~~~~~~~~~~~~~~~~~~~~~~')

[실행결과]
D: {'name': '홍길동', 'age': '20', 'gender': '남자'}
name / 홍길동 / 홍길동
age / 20 / 20
gender / 남자 / 남자
------------------------
name 홍길동 홍길동
age 20 20
gender 남자 남자
~~~~~~~~~~~~~~~~~~~~~~~~
```

딕셔너리는 키:값을 한 쌍으로, 데이터를 표현할 수 있는 자료형입니다. 위의 딕셔너리 D
에는 키에 name,age,gender가 있고 값(value)에는 홍길동,20,남자가 있습니다.

4: 반복할 대상 자리에 딕셔너리 D를 넣으면 D의 키를 대상으로 반복됩니다. 첫번째 키인
   name이 변수 key에 들어가고 사전[키] 또는 사전.get(키)의 표현을 통해서 키에 일치
   하는 값을 가져올 수 있습니다.

8: 8행의 for문에서는 D.keys( )로 D사전의 키들을 반복할 대상으로 정했습니다. 사전명
   뒤의 .keys()는 생략 가능합니다. 그래서 4행의 for문과 8행의 for문은 같습니다. 4행의
   for문은 아래와 같습니다.

```
1:        D = {'name':'홍길동', 'age':'20', 'gender':'남자'}
2:        print('D:',D)
3:        print('D:',D.items( ))
4:        print('-----------------------------------')
5:
6:        for one in D.items( ):
7:            print (one)
8:        print( )
9:
10:       for key, value in D.items( ):
11:           print (key, ':', value)
12:       print( )

[실행결과]
D: {'name': '홍길동', 'age': '20', 'gender': '남자'}
D: dict_items([('name', '홍길동'), ('age', '20'), ('gender', '남자')])
-----------------------------------
('name', '홍길동')
('age', '20')
('gender', '남자')

name : 홍길동
age : 20
gender : 남자
```

3: D.items( )는 키와 값의 쌍을 튜플로 만들고 각각의 튜플을 리스트 형태로 만들어서 dict_items라는 객체 형태로 리턴 하는 함수입니다

6: D.items( )를 반복하면 하나의 튜플이 one변수로 들어가서 바로 아래 출력문에서 출력되고 이 출력문이 튜플의 개수만큼 반복됩니다.

10: D.items( )를 반복해서 하나의 튜플을 key와 value변수에 나눠 담으면 key변수에는 key가 value변수에는 value가 담깁니다. 이 과정을 튜플의 개수만큼 반복합니다.

```
1         D = {'name':'홍길동', 'age':'20', 'gender':'남자'}
2         for value in D.values( ):
3             print (value)
4         print( )

[실행결과]
홍길동
20
남자
```

2: for문의 반복할 대상 자리에 D.values( )를 사용하면 D의 value만 대상으로 반복합니다. value가 하나씩 value변수에 담기면서 아래 print(value)가 반복됩니다.

이중 for

시계를 보면 시침, 분침, 초침이 있습니다. 초침이 1바퀴 돌면 분침이 1분 움직이고, 분침이 1바퀴 돌면 시침이 1시간 움직입니다. 3개가 각각 별개가 아니고 같이 움직인다고 볼 수 있습니다. 이렇게 하나가 반복되는 중에 다른 것이 반복되게 하고 싶을 때 for문안에 for문을 넣는 이중 for문을 작성할 수 있습니다.

실습파일   ch05₩Ex18.py

```
1        for i in range(1, 4):
2            for j in range(6, 8):
3                print(i, j)
4            print('###')
5        print('═══')

[실행결과]
1 6
1 7
###
2 6
2 7
###
3 6
3 7
###
═══
```

1: 1~3의 수가 i변수에 차례로 들어갑니다. 먼저 i변수에는 1이 들어갑니다.

2: 6~7의 수가 j변수에 차례로 들어갑니다. 먼저 j변수에는 6이 들어갑니다.

3: 두 번째 for문에 7이 들어올 때까지 바로 아랫줄 들여쓰기 한 3행이 실행되면서 1 6 이 출력되고 바로 위의 두 번째 for문에서 1증가된 값이 j변수로 들어옵니다. 그리고 바로 아래 들여쓰기 한 출력문이 실행되면서 1 7이 출력됩니다. 더 이상 두 번째 for문은 반복될 수가 없으니 for문 밖으로 빠져나가서 4행을 실행합니다.

첫 번째 for문에서 i에 1이 들어왔을 때 2행~4행이 실행 된 후 다시 첫 번째 for문에서 i값 1 증가되어 i에는 2가 들어오고 2행~4행이 또 반복 됩니다. 다시 첫 번째 for문에서 i에 3이 들어온 후 2행~4행이 반복되고 더 이상 첫 번째 for문이 반복될 수 없으니 5행이 출력되고 프로그램은 종료됩니다.

앞의 코드를 순서도로 그리면 아래와 같습니다.

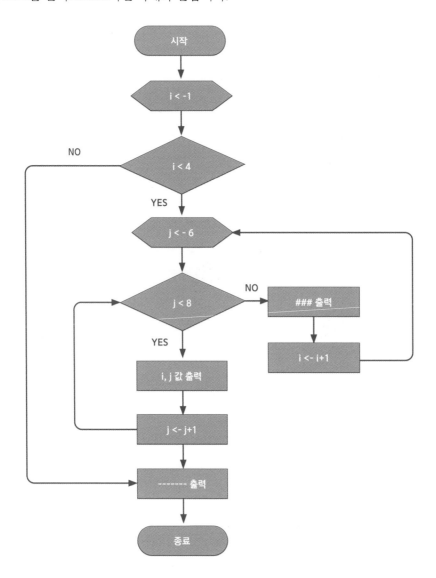

'*' 하나 출력을 반복해서 아래와 같은 모양을 만들어 보겠습니다.

> **실습파일**　　ch05₩Ex19.py

```
1        for i in range(1, 4):
2            for j in range(0, i):
3                print('*',end='')
4            print()
5        print('═══════════')

[실행결과]
*
**
***
═══════════
```

1: 첫번째 for문 i에는 1~3의 수가 들어갑니다. 첫번째 for문에서는 2행~4행이 3번 반복됩니다.

2: i에 1이 들어갔을 때 => 두번째 for문의 i자리에는 1이 들어가고 j에는 0이 하나 들어가면서 두 번째 for문에서는 3행이 한번 실행됩니다.

i에 2가 들어갔을 때 => 두번째 for문에서는 j에 0~1까지 숫자가 들어가면서 3행의 *출력이 두 번 반복됩니다.

i에 3이 들어갔을 때 -> 두번째 for문에서는 j에 0~2까지 숫자가 들어가면서 3행의 *출력이 세 번 반복됩니다.

이렇게 해서 i에 들어가는 숫자가 점점 증가할수록 안쪽의 두번째 for문의 반복 횟수도 증가하게 됩니다.

while

반복문에는 while문도 있습니다. 형식은 아래와 같습니다.

```
[형식]
초기값
while 조건식 :
        조건문이 참일 때 실행할 문장1
        조건문이 참일 때 실행할 문장2
                :
조건식이 거짓일 때 실행할 문장
```

while옆에는 조건식을 쓰고 옆에 ':'을 꼭 씁니다. while옆의 조건식이 참이면 아래 들여쓰기 한 문장1과 문장2를 실행하고 다시 조건식으로 돌아와 계속 참인지 비교를 합니다. 조건식이 참이면 또 아래 들여쓰기 한 문장1과 문장2를 실행하고 다시 조건식으로 돌아옵니다. 계속 문장1과 문장2를 반복하다가 더 이상 조건식이 참이 아니면 들여쓰기 하지 않은 '조건식이 거짓일 때 실행할 문장'을 실행합니다.

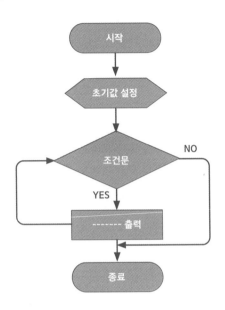

아래는 입력 받은 숫자의 곱셈 결과를 출력하는 예제입니다.

실습파일   ch05₩Ex20.py

```
1:      su = input('몇 단을 출력할까요? ')
2:      su = int(su)
3:      i = 1
4:      while i < 10 :
5:          print('%d * %d = %d' % (su, i, su * i));
6:          i += 1
7:      print('while문 끝')

[실행결과]
몇 단을 출력할까요? 7
7 * 1 = 7
7 * 2 = 14
7 * 3 = 21
7 * 4 = 28
7 * 5 = 35
7 * 6 = 42
7 * 7 = 49
7 * 8 = 56
7 * 9 = 63
while문 끝
```

1: 입력을 받습니다.

2: 입력 받은 데이터는 모두 문자열로 인식하므로 곱하기 연산을 하기 위해 입력 받은 데이터를 int( ) 함수를 써서 숫자로 변환합니다.

4 : i에 1이 들어있는 상태에서 4행의 조건식인 i < 10 이 참이므로 아래 들여쓰기 한 두 줄 5행, 6행을 실행합니다. 6행에서 i가 증가되어 2가 되고 다시 조건식으로 돌아와서 참인 것을 확인하고 아래 들여쓰기 한 두 줄 5행, 6행을 실행합니다. 4행~6행이 계속 반복되다가 while의 조건식 i<10이 더 이상 참이 되지 않으면 들여쓰기 하지 않은 7행이 실행됩니다.

5.3 분기문

분기문이란 반복문 내에서의 흐름을 변경하고 싶을 때 사용하는 문장입니다. 분기문에는 break와 continue가 있습니다.

break

반복문은, for문도 while문도 특정 조건이 참이면 계속 반복하고 조건이 참이 아니면 반복을 하지 않습니다. for문이나 while문의 조건에는 참이지만 또 다른 조건을 설정해서 그 조건에 만족하면 반복문을 빠져나가고 싶을 때 break를 사용할 수 있습니다.

아래 예제는 앞의 예제처럼 입력한 숫자의 곱하기 결과를 출력하는 예제입니다.

> **실습파일** ch05₩Ex21.py

```
1:      su = input('몇 단을 출력할까요? ')
2:      su = int(su)
3:      i = 1
4:      while i < 10 :
5:          print('%d * %d = %d' % (su, i, su * i));
6:          i += 1
7:          if(i==5):
8:              break;
9:      print('while문 끝')

[실행결과]
몇 단을 출력할까요? 7
7 * 1 = 7
7 * 2 = 14
7 * 3 = 21
7 * 4 = 28
while문 끝
```

4: while의 조건에는 i<10일 때라고 했지만 while안에 작성한 if(i==5)인 조건에 만족하면 바로 아래 들여쓰기 한 8행의 break가 실행되서 while반복문을 빠져나가고 while밖의 9행을 출력합니다. 그래서 while조건은 i<10이지만 7*4=28을 마지막으로 i가 5와 같아지므로 더 이상 곱셈 결과 출력문을 실행할 수 없습니다.

앞의 예제는 아래처럼 바꿔볼 수도 있습니다. while의 조건식을 무조건 True로 해서 참으로 설정하고 while안으로 들어가서 실행한 후 i가 5와 같을 때 break를 통해 while문을 빠져나갑니다. 조건을 무조건 True로 하면 while안에서 while문을 빠져나가는 코드를 꼭 작성해야 합니다. True는 첫 글자를 꼭 대문자T로 작성해야 합니다.

실습파일 ch05₩Ex22.py

```
1:      su = input('몇 단을 출력할까요? ')
2:      su = int(su)
3:      i = 1
4:      while True:
5:          print('%d * %d = %d' % (su, i, su * i));
6:          i += 1
7:          if(i==5):
8:              break;
9:      print('while문 끝')

[실행결과]
몇 단을 출력할까요? 7
7 * 1 = 7
7 * 2 = 14
7 * 3 = 21
7 * 4 = 28
while문 끝
```

continue

break는 조건이 참일 때 반복문을 빠져나가고 continue는 조건이 참일 때 조건문 아래 있는 문장들을 처리 안하고 다시 조건문으로 돌아가는 기능을 합니다.

실습파일 ch05₩Ex23.py

```
1       i = 0
2       while i<5:
3           i += 1
4           print('i:',i)
5           if i==3 :
6               break
7           print('***')
```

```
8          print('-------')
9
10         j = 0
11         while j<5:
12             j += 1
13             print('j:',j)
14             if j==3 :
15                 continue
16             print('###')
17         print('-------')
```

[실행결과]
i: 1
***
i: 2
***
i: 3
----
j: 1
###
j: 2
###
j: 3
j: 4
###
j: 5
###

1: i 변수를 0으로 초기화합니다.

2: i값이 5보다 작을 때 까지만 반복합니다.

3: i변수를 1증가 시킵니다.

5~6: 반복하다가 i가 3이 되면 break를 만나서 즉시 while문을 빠져나가 7행으로 갑니다. 5행의 조건을 만족하지 않으면 반복문을 빠져나가지 않고 '***'을 출력합니다. 반복하다가 2행의 i<5 조건을 만족하지 않으면 while문을 빠져나가서 8행을 실행합니다.

10: j 변수를 0으로 초기화합니다.

11: j값이 5보다 작을 때 까지만 반복합니다.

12: j변수를 1증가 시킵니다.

14~15: 반복하다가 j가 3이 되면 continue합니다. continue한다는 의미는 반복문 안에 있는 continue아래 있는 문장인 '###' 출력을 실행하지 않는다는 의미입니다. 반복문을 빠져나가지는 않고 14행의 해당 조건에 참일 때에만 continue해서 반복문 안에 있는 continue아래 있는 문장 16행을 실행하지 않습니다. 11행의 j<5 조건을 만족하지 않으면 while문을 빠져나가서 17행을 실행합니다.

연습 문제 ① 1~10사이의 수 중 짝수의 합과 홀수의 합을 구하시오.

[실행결과]
홀수 총합 : 25
짝수 총합 : 30

연습 문제 ② 아래 딕셔너리 dict1의 value값을 for문 이용해서 합을 구하시오.

dict1 = {'영희':70,'철수':90,'순희':80}

[실행결과]
hap:240

짝수단에 해당하는 구구단을 출력하는데 곱하기(*) 뒷자리가 곱하기(*) 앞자리보다 더 작거나 같은수 까지만 곱셈 연산을 해서 아래와 같은 결과가 출력되도록 프로그램을 작성하시오.

[실행결과]

2 * 1 = 2

2 * 2 = 4

----

4 * 1 = 4

4 * 2 = 8

4 * 3 = 12

4 * 4 = 16

----

6 * 1 = 6

6 * 2 = 12

6 * 3 = 18

6 * 4 = 24

6 * 5 = 30

6 * 6 = 36

----

8 * 1 = 8

8 * 2 = 16

8 * 3 = 24

8 * 4 = 32

8 * 5 = 40

8 * 6 = 48

8 * 7 = 56

8 * 8 = 64

숫자 5개를 입력받아 차례대로 리스트에 추가하고 3번째에 100,
마지막에 200을 추가한 후 리스트를 출력하는 코드를 작성하세요.

```
[실행결과]
수입력:3
수입력:4
수입력:5
수입력:6
수입력:7
L [3, 4, 5, 6, 7]
L [3, 4, 5, 100, 6, 7, 200]
```

QR

동영상강의 지금 바로 접속하기

Project 01

반복문을 이용해서 딕셔너리의 데이터를 출력, 입력, 검색, 삭제, 수정하는 작업을 반복하고 마지막으로 종료를 선택하면 프로그램이 종료되는 예제를 작성해 보겠습니다.

```
1:        student = {}
2:        while True :
3:            print( )
4:            num = int(input('번호 입력 (1:출력, 2:입력, 3:검색, 4:삭제, 5:수정 , 6:종료) => '))
5:
6:            if num == 1 :
7:                print('출력')
8:
9:            elif num == 2 :
10:                print('입력')
11:
12:            elif num == 3 :
13:                print('검색')
14:
15:            elif num == 4 :
16:                print('삭제')
17:
18:            elif num == 5 :
19:                print('수정')
20:
21:            elif num == 6 :
22:                print('종료')
23:                break
24:
25:            else :
26:                print('번호 잘못 입력하셨음')
27:
28:        print('프로그램을 종료합니다.')
```

1: 비어있는 student 딕셔너리를 만듭니다.

4: input을 써서 번호를 입력받고 int()를 사용해서 입력한 값을 숫자로 바꿔서 num에 넣습니다.

6: 다중 조건문을 사용해서 입력한 번호와 조건이 일치하는 if문이 실행되게 하고 6번을 입력하면 break를 만나 반복문을 빠져나가서 28행을 실행합니다.

25: 조건에 참이 되는 if문이 없으면 25행의 else가 실행됩니다.

딕셔너리 student에 데이터를 넣지 않은 상태에서 번호1을 입력해서 출력 했을 때에는 '입력한 데이터 없음' 으로 출력하고 딕셔너리에 넣어놓은 데이터가 있으면 그 데이터를 출력해야 합니다.

```
1       if num == 1 :
2           if len(student) != 0 :
3               print('이름\t점수')
4               for i,j in student.items( ) :
5                   print(i,'\t',j)
6           else :
7               print('입력한 데이터 없음')
[실행결과]
입력한 데이터 없음
```

student 딕셔너리(사전)의 내용이 없으므로 길이가 0입니다. 그래서 else의 '입력한 데이터 없음'이 출력됩니다.

```
1          elif num == 2 :
2                  print('입력')
3                  name = input('이름 : ')
4                  jumsu = input('점수 : ')
5                  student[name]=jumsu
```

[실행결과]
번호 입력 (1:출력, 2:입력, 3:검색, 4:삭제, 5:수정 , 6:종료) => 2
입력
이름 : kim
점수 : 77

번호 입력 (1:출력, 2:입력, 3:검색, 4:삭제, 5:수정 , 6:종료) => 2
입력
이름 : park
점수 : 88

위의 코드는 입력한 번호가 2일 때 실행되는 부분입니다.

3~4: 이름과 점수를 입력합니다.

5: student 사전의 name을 key로 jumsu를 value로 데이터를 추가합니다. 2개의 데이터
   를 추가해 봅니다.

2개의 데이터를 삽입하고 다시 번호 1을 입력해서 사전 안의 데이터를 반복해서 출력해봅
니다.

```
1          if num == 1 :
2                  if len(student) != 0 :
3                      print('이름\t점수')
4                      for i,j in student.items( ) :
5                          print(i,'\t',j)
6                  else :
7                      print('입력한 데이터 없음')
```

[실행결과]
번호 입력 (1:출력, 2:입력, 3:검색, 4:삭제, 5:수정 , 6:종료) => 1
이름   점수
kim   77
park   88

4: items( ) 함수는 사전의 키와 값의 쌍을 튜플의 형태로 묶어서 dict_items라는 객체 형
   태로 리턴하는 함수입니다. 리턴되는 값을 받아 i변수에는 사전의 키를, j변수에는 사전
   의 value를 넣고 데이터 개수만큼 반복해서 출력합니다. ₩t으로 i와 j변수 사이에 탭키
   를 누른만큼 공백 설정을 합니다.

113

```
1          elif num == 3 :
2              print('검색')
3              name = input('검색할 이름 : ')
4              if student.get(name) != None :
5                  print(name,'의 점수는 ',student.get(name))
6              else:
7                  print('찾는 이름 없음')
```

[실행결과]
번호 입력 (1:출력, 2:입력, 3:검색, 4:삭제, 5:수정 , 6:종료) => 3
검색
검색할 이름 : choi
찾는 이름 없음

번호 입력 (1:출력, 2:입력, 3:검색, 4:삭제, 5:수정 , 6:종료) => 3
검색
검색할 이름 : park
park 의 점수는 88

위의 코드는 입력한 번호가 3일 때 실행되는 부분입니다.

3: 검색할 이름을 입력합니다.

4: 사전에서 검색할 이름을 사전.get(키) 함수를 사용해서 가져왔는데 그 키에 해당하는
데이터가 없으면 get( ) 함수는 None을 리턴합니다. None이면 찾는 이름이 없다는 뜻
이고 None이 아니면 student.get(name)으로 입력한 name 키에 해당하는 value인 점
수를 가져옵니다. 출력문의 student.get(name)는 student[name]으로 대신할 수 있습
니다.

```
1          elif num == 4 :
2              print('정보 삭제')
3              name = input('삭제할 이름 : ')
4              if name in student :
5                  del student[name]
6              else :
7                  print('찾는 이름 없음')
```

[실행결과]
번호 입력 (1:출력, 2:입력, 3:검색, 4:삭제, 5:수정 , 6:종료) => 4
정보 삭제
삭제할 이름 : choi
찾는 이름 없음

번호 입력 (1:출력, 2:입력, 3:검색, 4:삭제, 5:수정 , 6:종료) => 4
정보 삭제
삭제할 이름 : park

위의 코드는 입력한 번호가 4일 때 실행되는 부분입니다.

3: 삭제할 이름을 입력합니다.

4: 4행의 student는 student.keys( )와 같습니다. student 사전의 key중에 입력한 name 변수의 값과 일치하는 값이 있으면 if문은 조건이 True가 됩니다.

5: 조건이 True이면 5행이 실행되서 student의 name키에 해당하는 레코드를 삭제합니다. del student[name]대신 student.pop(name)도 같은 기능을 합니다.

6: student 사전의 key중에 입력한 name변수에 들어 있는 값이 없으면 7행의 print를 실행합니다.

삭제를 실행한 후 번호 1을 입력해서 사전에서 삭제가 되었나 확인해 봅니다.

```
1        elif num == 5 :
2            print('수정')
3            name = input('수정할 이름 : ')
4            if name in student :
5                jumsu = input('점수 : ')
6                student[name]=jumsu
7            else :
8                print('찾는 이름 없음')

[실행결과]
번호 입력 (1:출력, 2:입력, 3:검색, 4:삭제, 5:수정 , 6:종료) => 5
수정
수정할 이름 : choi
찾는 이름 없음

번호 입력 (1:출력, 2:입력, 3:검색, 4:삭제, 5:수정 , 6:종료) => 5
수정
수정할 이름 : kim
점수 : 99
```

위의 코드는 입력한 번호가 5일 때 실행되는 부분입니다.

3: 수정할 이름을 입력합니다.

4: 4행의 student는 student.keys( )와 같습니다. student 사전의 key중에 입력한 name 변수에 들어 있는 값이 있으면 if문은 조건이 True가 됩니다.

5~6: 4행의 조건이 True이면 수정할 점수를 다시 입력받고 student사전에 name 을 키로 새로 입력한 jumsu를 value로 기존의 value를 덮어쓰기 합니다. 6행의 student[name]=jumsu는 name키를 jumsu 값으로 update하겠다는 뜻의 student. update({name:jumsu})로 대신 할 수 있습니다.

```
1        elif num == 6 :
2                print('종료')
3                break
4
5        else :
6                print('번호 잘못 입력하셨음')
7
8        print('프로그램을 종료합니다')

[실행결과]
번호 입력 (1:출력, 2:입력, 3:검색, 4:삭제, 5:수정 , 6:종료) =>  7
번호 잘못 입력하셨음

번호 입력 (1:출력, 2:입력, 3:검색, 4:삭제, 5:수정 , 6:종료) =>  6
종료
프로그램을 종료합니다
```

번호 6을 입력하면 break를 만나 while문을 빠져 나가 맨 끝의 8행을 실행하고 1~6이 아닌 번호를 입력하면 else아래 6행을 실행합니다.

Chapter. 06

함수

프로그램의 반복되는 부분은 반복문을 사용할 수도 있지만 함수라는 묶음으로 정의해 놓고 필요할 때마다 호출해서 사용할 수도 있습니다.

이번 장에서는 함수에 대해 알아보겠습니다.

한 반에 20명의 학생이 있고 각 학생마다 시험 본 과목이 10과목일 때 이 학생들의 성적 처리를 하기 위해서는 10과목의 점수 입력하는 과정을 반복해서 200번의 점수를 입력하는 코드가 필요합니다. 그런데 이 반복되는 10과목 점수 입력 과정을 별도의 묶음으로 만들어 놓고 이 묶음 만을 반복하면 200번의 점수를 입력 코드 작성을 10번으로 줄일 수 있습니다.

또 다른 예로 2개의 숫자를 가지고 지정된 수식에 맞는 연산을 한 후 결과를 알고 싶을 때, 2개의 숫자는 매번 달라질 수 있지만 지정된 수식에 변함이 없다면 수식을 함수로 미리 만들어놓고 숫자만 변화시켜 결과를 알아 낼 수 있습니다.

6.1 함수란

프로그램에서 반복되는 부분을 별도의 묶음으로 만들어 놓은 것을 함수라고 합니다. 10과목의 성적 입력 코드를 1번만 함수로 작성해서 20번 호출해서 사용할 수 있습니다. 연산 작업을 할 때에는 지정된 수식을 함수로 만들어놓고 2개의 숫자만 다르게 해서 결과를 알아 낼 수 있습니다.

함수는 수식 처리와 같이 입력이 있고 입력된 결과를 함수에서 처리한 후 생기는 출력이 있습니다. 입력과 출력은 항상 있는 것은 아니고 입력이 없는 경우도 있고, 출력이 없는 경우도 있습니다. 성적처리에는 함수로 들어가는 자료도 없고 함수 처리 후 출력되는 결과도 없습니다.

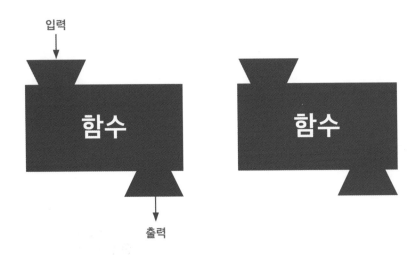

6.2 함수 정의하기

함수는 정의와 호출 두 부분으로 구성됩니다. 정의는 함수를 만드는 것이고 호출은 만든 함수를 부르는 것입니다. 정의 없이 호출만 해서는 안되고 호출없이 정의만 하는 것은 의미가 없습니다. 함수는 아래와 같이 정의합니다. 함수를 정의할 때에는 함수명 앞에 def를 씁니다. 함수명에는 ()를 붙이는데 () 안에는 변수가 여러 개 있을 수도 있고 하나도 없을 수도 있습니다. 함수명()의 ()안에 들어가는 변수를 매개변수라고 합니다. 함수 안의 실행할 문장 맨 아래에는 return을 쓰는데 함수 실행 후 호출한 곳으로 값을 돌려주고 싶을 때 사용합니다. return옆에 리턴 할 값이 여러 개 있을 수도 있고 하나도 없을 수도 있습니다. 리턴 할 값이 없을 때 에는 return만 쓰던가 return을 안써도 됩니다.

```
[형식]
def 함수명(매개변수1, 매개변수2,…) :
        실행할문장1
        실행할문장2
        return 리턴할값1, 리턴할값2, …

[형식2]
def 함수명(매개변수1, 매개변수2,…) :
        실행할문장1
        실행할문장2
        [return]
```

6.3 함수 호출하기

함수를 호출할 때에는 아래의 형식처럼 함수명 작성하고 옆에 ()를 붙입니다. ()안에는 아무것도 없을수도 있고 매개변수가 여러 개 있을 수도 있습니다.

```
[형식]
함수명( )

[형식2]
함수명(매개변수1, 매개변수2, …)
```

다음의 예제에서는 star함수를 정의했습니다.

```
1        def star( ):
2            print('*')
3            return
4        star( )
5        star( )
6        star( )



[실행결과]
*
*
*
```

1: 1행부터 들여쓰기한 3행까지가 star( ) 함수의 정의부분입니다. 매개변수 없이 star함수를 정의했습니다. 아직은 호출이 없으므로 print('*')이 실행되지 않습니다.

4: 4행에서 star 함수를 호출합니다. 매개변수 없이 star( )함수를 정의했으므로 호출할때에도 ( )안에 아무것도 쓰지않고 호출합니다. 호출하면 1행의 star함수 정의 부분으로 올라가고 그 아랫줄에서 '*' 1개를 출력합니다. 그리고 return을 만나면서 호출한 4행으로 돌아옵니다. 그리고 5행을 실행합니다.

5: 5행에서 다시 star 함수를 호출합니다. 그러면 1행의 star함수 정의 부분으로 올라가고 '*' 1개를 출력합니다. 그리고 return을 만나면서 다시 star( ) 함수를 호출한 5행으로 돌아옵니다. 그리고 6행을 실행합니다.

6: 6행에서 다시 star 함수를 호출합니다. 그러면 1행의 star함수 정의 부분으로 올라가고 '*' 1개를 출력합니다. 그리고 return을 만나면서 다시 star( ) 함수를 호출한 6행으로 돌아옵니다.

1행~3행에서 star( )함수 한번 정의하고 4행~6행에서 star( ) 함수 3번 호출해서 '*' 1개를 3번 출력했습니다. 함수 정의 부분의 맨 아래 return은 리턴할 값이 없으면 return 문장을 생략할 수 있습니다.

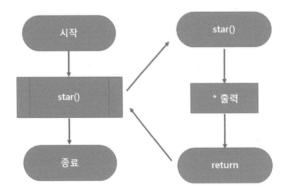

6.4 인자 전달하기

함수를 호출할 때에는 함수 정의부분으로 데이터를 넘길 수 있습니다. 넘기는 값을 전달인 자라고 합니다. 전달 인자가 있으면 함수 정의부분에도 넘어오는 값을 받을 수 있는 변수가 있어야 합니다. 이것을 매개변수라고 합니다.

실습파일 ch06₩Ex02.py

```
1       def add(a, b):
2           return a+b
3       hap = add(10,20)
4       print(hap)
5       print(add(5,7))

[실행결과]
30
12
```

1: add( ) 함수를 정의합니다. 매개변수 a와 b를 넣어서 2개의 값을 받을 수 있도록 합니다.

2: 매개변수로 받은 2개의 값을 더해서 호출한 쪽으로 넘겨주는 작업을 합니다.

3: add( ) 함수 호출해서 1행으로 넘어갈 때 10과 20을 가지고 가고 그 2개의 값을 1행의 a와 b변수에 순서대로 받아서 넣습니다. 2행에서 두 숫자를 더한 30을 호출한 3행의 add(10,20) 자리로 넘겨서 hap변수에 넣어줍니다.

4: hap변수의 값 30을 출력합니다.

5: add( ) 함수 호출해서 1행으로 넘어갈 때 5와 7을 가지고 가고 그 2개의 값을 1행의 a와 b변수에 순서대로 받아서 넣습니다. 2행에서 두 숫자를 더한 12를 호출한 5행의 add(5,7) 자리로 넘겨서 print(12)가 되면서 12가 출력됩니다.

리턴 값은 아래 예제처럼 여러 개가 있을 수도 있습니다.

실습파일 ch06₩Ex03.py

```
1       def calc(x, y):
2           return x+y, x - y, x * y, x / y
3       result = calc(10, 2)
4       print('result:', result)
5       a,b,c,d = calc(100,30)
6       print(a,b,c,d)

[실행결과]
result: (12, 8, 20, 5.0)
130 70 3000 3.3333333333333335
```

1: calc() 함수 정의 부분입니다. 넘어오는 2개의 데이터를 x, y 매개변수로 받습니다.

2: +, -, *, /의 결과 4개를 호출한 곳으로 리턴 합니다.

3: calc() 함수 호출하면 10과 2를 1행 calc() 정의 부분에 x, y에 순서대로 넣습니다. 받아서 +, -, *, / 4가지 연산을 한 후 4개의 결과를 호출한 3행의 calc(10,2) 자리로 리턴 하고 리턴 된 값을 result변수에 넣습니다. result에는 4개의 데이터가 들어옵니다. 하나의 변수에 여러 개의 리턴 된 값이 들어왔습니다. 리턴된 4개의 결과는 () 로 묶인 튜플 형태의 데이터입니다.

5: calc(10,30)로 calc함수를 호출하고 호출할 때 넘어가는 10과 30 두 숫자를 1행의 x, y 변수에 넣습니다. 4가지 연산 결과를 리턴 하면 5행의 calc(10,30) 자리로 리턴하고 그 4개의 값을 a,b,c,d 4개의 변수로 받아서 각각의 값을 출력합니다. 4개의 리턴 된 값이 4개의 변수에 들어갑니다. 리턴 되는 값이 여러 개 일 때에는 그 개수만큼의 변수로 받던가 변수 1개로 받아야 합니다.

함수안에서는 반복문을 사용할 수도 있습니다.

실습파일 ch06₩Ex04.py

```
1       def info(num):
2           hap = 0
3           for i in range(num):
4               hap += i
5           return hap
6       returnvalue = info(5)
7       print('returnvalue:',returnvalue)

[실행결과]
returnvalue: 10
```

1~5: info() 함수 정의 부분입니다.

6: info() 함수를 호출하면서 5를 넘기면 1행에서 num 매개변수가 5를 받습니다.

3: range(5)가 되면서 0~4의 숫자가 i변수로 들어가고 4행 한줄이 반복 실행되서 hap변수에 0~4의 숫자가 누적됩니다.

5: 3~4행의 반복이 끝나면 누적된 hap변수의 값 10을 가지고 info() 함수를 호출한 6행으로 넘어가고 returnvalue변수에 10을 넣어줍니다.

7: returnvalue값을 출력합니다.

함수를 반복해서 호출할 수도 있습니다.

```
1        def starprint(num):
2            for i in range(num):
3                print('*',end='')
4            print()
5        for i in range(5):
6            starprint(i)
```

[실행결과]

```
*
**
***
****
```

1~4: starprint( ) 함수 정의 부분입니다.

5: 0~4의 숫자가 반복해서 i변수에 들어옵니다.

5행의 반복문에서 i변수에 0이 들어왔을 때 => 6행의 starprint(0)이 호출됩니다. 1행의 num 자리에 0이 들어오고 2행의 for문에서 range(0)이 되면서 반복문 안으로 들어가지 못하고 4행의 print()만 실행하고 starprint ( ) 호출한 6행으로 돌아옵니다.

5행의 반복문에서 i변수에 1이 들어왔을 때 => 6행의 starprint (1)이 호출됩니다. 1행의 num 자리에 1이 들어오고 2행의 for문에서 range(1)이 되면서 반복문 한번 실행되면서 '*' 1개를 출력하고 그 다음 4행의 print()를 실행하고 starprint ( ) 호출한 6행으로 돌아옵니다.

5행의 반복문에서 i변수에 2가 들어왔을 때 => 6행의 starprint(2)가 호출됩니다. 1행의 num 자리에 2가 들어오고 2행의 for문에서 range(2)가 되면서 반복문 두번 실행되면서 '*' 2개를 출력하고 그 다음 4행의 print()를 실행하고 starprint() 호출한 6행으로 돌아옵니다.

이런 실행이 i변수에 4가 들어올 때 까지 반복됩니다. 반복해서 starprint( ) 함수를 호출하는 형태의 예제입니다.

6.5 가변인자 갖는 함수

함수를 호출할 때 전달인자 1개를 넘기면 정의부분에서도 매개변수 1개를 써서 넘어오는 전달인자를 받아야 합니다. 함수를 호출할 때 전달인자 2개를 넘기면 정의부분에서도 매개변수 2개를 써서 넘어오는 전달인자를 받아야 합니다. 그런데 함수의 매개변수 자리를 * 변수 형태로 사용하면 전달인자를 0개 이상 받을 수 있습니다.

```
1        def func(*num):
2            for i in num:
3                print(i,end=' ')
4            print()
5
6        func(3)
7        func(3,4)
8        func(3,4,5)
9        func(3,4,5,6)

[실행결과]
3
3 4
3 4 5
3 4 5 6
```

1: func() 함수의 매개변수 앞에 *을 붙이면 0개이상의 전달인자를 받을 수 있습니다.

6: func() 함수를 호출하면서 3을 넘깁니다. 3이 1행의 num으로 들어갑니다.

2~3: 넘어온 num 개수만큼 1번 반복문을 반복합니다.

7: func() 호출하면서 3,4를 넘깁니다. 3,4가 1행의 num으로 들어갑니다.

2~3: 넘어온 num 개수만큼 2번 반복문을 반복합니다.

8: func() 호출하면서 3,4,5를 넘깁니다. 3,4,5가 1행의 num으로 들어갑니다.

2~3: 넘어온 num 개수만큼 3번 반복문을 반복합니다.

9: func() 호출하면서 3,4,5,6을 넘깁니다. 3,4,5,6이 1행의 num으로 들어갑니다.

2~3: 넘어온 num 개수만큼 4번 반복문을 반복합니다.

하나의 함수로 넘어오는 전달인자의 개수가 일정하지 않을 때에는 함수 정의부분의 매개변수 앞에 *을 붙여서 여러 개의 전달인자를 받을 수 있습니다.

6.6 함수 안에서 변수 사용하기

값을 초기화한 변수는 그 변수를 사용할 수 있는 범위가 있습니다. 함수 밖에서 초기화한 변수는 전역변수로 초기화한 그 줄 아래에서는 어디서든 사용할 수 있습니다. 함수 안에서 초기화한 변수는 지역변수로 그 함수 안에서만 사용할 수 있습니다.

```
1      name = '홍길동'
2      age = 10
3      print('name:',name)
4      print('age1:',age)
5      def func( ):
6      #     print('age2:',age) # 에러
7            age = 20
8            print('age3:',age)
9            addr = '서울'
10           return
11     func( )
12     print('age4:',age)
13     # print('addr:',addr) # 에러
```

[실행결과]
name: 홍길동
age1: 10
age3: 20
age4: 10

1: name에 홍길동을 초기화합니다. name은 전역 변수로 1행 아래에서는 어디서든 사용할 수 있습니다.

2: age에 10을 초기화합니다. age는 전역 변수로 1행 아래에서는 어디서든 사용할 수 있습니다.

3~4: name과 age변수의 값인 홍길동, 10이 출력됩니다.

5~10: func( ) 함수 정의부분입니다.

11: func( ) 함수 호출입니다. 호출하면 5행으로 올라갑니다.

6: 함수 안에서 사용하는 변수는 함수 안에서 초기화한 변수를 사용합니다. 아직 func( ) 함수 안에서 age 변수 초기화 전이기 때문에 age 변수 출력시 에러가 발생합니다.

7: 2행에서 생성한 age변수 말고 7행에서 또 다른 age변수가 생성됩니다. 7행의 age변수는 func( ) 함수 안에서 생성된 변수로 func( ) 함수 안에서만 사용할 수 있는 지역변수입니다. 새로 생성된 지역변수 age에 20을 넣습니다.

8: 8행에서 출력되는 age는 새로 생성된 지역변수 age 값입니다.

9: 9행의 addr변수도 지역변수로 func( ) 함수 안에서만 사용할 수 있습니다.

10: 10행의 return을 만나 func( ) 함수를 호출한 11행으로 돌아옵니다. return은 특별히 return하는 값이 없으므로 생략 가능합니다.

12 : 12행에서 사용되는 age는 2행에서 초기화한 age 변수입니다.

13: 13행의 addr는 전역변수로 지정한 것이 없으므로 에러 발생합니다. func( ) 안에서 초기화한 addr는 지역변수로 func( ) 함수 안에서만 사용 가능합니다.

8: 8행의 age는 1행에서 생성된 age입니다. 그래서 출력되는 값은 1행에서 생성한 age변수의 값 10이 출력됩니다.

함수 밖에서 초기화한 변수를 함수안에서도 사용하거나 함수 안에서 초기화한 변수를 함수 밖에서도 사용하고 싶다면 변수에 global을 붙입니다. 아래 예제는 위의 예제에 global을 추가한 예제입니다.

실습파일 ch06₩Ex08.py

```
1       name = '홍길동'
2       age = 10
3       print('name:',name)
4       print('age1:',age)
5       def func( ):
6           global age
7           print('age2:',age)
8           age = 20
9           print('age3:',age)
10          global addr
11          addr = '서울'
12          return
13      func( )
14      print('age4:',age)
15      print('addr:',addr)

[실행결과]
name: 홍길동
age1: 10
age2: 10
age3: 20
age4: 20
addr: 서울
```

1~4: 전역 변수 name과 age초기화 후 출력 부분 입니다.

5~12: func( ) 함수 정의 부분입니다.

13: func( ) 함수 호출입니다. 호출하면 5행으로 올라갑니다.

6: 2행에서 초기화한 전역 변수 age를 함수 안에서도 사용하겠다는 의미로 변수 앞에 global을 붙입니다.

7: 7행에서 사용하는 age는 2행의 age입니다.

8: 8행에서 전역 변수 age의 값을 20으로 변환합니다.

9: 9행에서 20으로 변환된 전역 변수 값이 출력됩니다.

10: addr를 함수안에서만 아니라 함수 밖에서도 사용할 수 있는 전역 변수로 선언하기 위해 addr변수앞에 global을 붙입니다.

12: return을 만나 호출한 13행으로 돌아옵니다. return은 특별히 return하는 값이 없으므로 생략 가능합니다.

14: 전역 변수 age가 10에서 20으로 바뀌었으니 20이 출력됩니다.

15: 함수 안에서 선언한 addr를 전역 변수로 선언했으니 함수 밖에서도 사용가능해서 서울을 출력합니다.

6.7 재귀 호출

함수 안에서 자기 자신 함수를 다시 호출하는 것을 재귀 호출 이라고 합니다. 재귀 호출을 통해서 반복되는 작업을 처리할 수 있습니다. 아래 예제는 1~3 숫자의 합 구하기를 재귀 호출로 작성한 예제입니다.

실습파일 ch06₩Ex09.py

```
1       def add(n):
2           if n == 1:
3               return 1
4           return n+add(n-1)
5       print (add(3))

[실행결과]
6
```

1~4: add( ) 함수 정의 부분입니다.

5: add(3) 함수를 호출하면서 1행의 n변수에 3을 넣습니다.

2: 조건이 True가 아니므로 3행은 실행을 못하고 4행을 실행합니다.

4: 3+add(2)의 연산에서 add( )를 또 호출하므로 다시 1행으로 갑니다. 이번에 n에는 2가 들어갑니다. 2행의 조건이 True가 아니므로 3행은 실행을 못하고 4행을 실행합니다. 이번에 4행에서는 2+add(1)의 연산을 하는데 add( )를 또 호출하므로 다시 1행으로 갑니다. 이번에 n에는 1이 들어갑니다. 2행의 조건이 True이므로 1을 리턴하는데 add(1)에서 리턴하므로 add(1)을 호출한 return 2+add(1)의 add(1)자리로 1이 리턴됩니다. return 2+1이 되면서 3을 리턴합니다. add(2)에서 리턴하므로 3은 return 3+add(2)의 add(2) 자리로 리턴됩니다. return 3+ 3이 되면서 6을 리턴합니다. 6은 add(3) 함수에서 리턴되는 것이므로 add(3)을 호출한 5행으로 리턴되고 5행에서 6이 출력됩니다. 자기 자신을 계속 호출하는 add( ) 함수를 재귀함수라고 합니다.

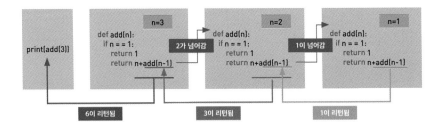

6.8 내장함수

함수는 사용자가 정의해서 사용할 수도 있지만 파이썬에는 이미 정의된 함수가 많이 있습니다. 이미 정의된 함수를 내장함수라고 합니다.

파이썬 내장함수는 https://docs.python.org/ko/3/library/functions.html 이곳을 참고합니다.

abs()	delattr()	hash()	memoryview()	set()
all()	dict()	help()	min()	setattr()
any()	dir()	hex()	next()	slice()
ascii()	divmod()	id()	object()	sorted()
bin()	enumerate()	input()	oct()	staticmethod()
bool()	eval()	int()	open()	str()
breakpoint()	exec()	isinstance()	ord()	sum()
bytearray()	filter()	issubclass()	pow()	super()
bytes()	float()	iter()	print()	tuple()
callable()	format()	len()	property()	type()
chr()	frozenset()	list()	range()	vars()
classmethod()	getattr()	locals()	repr()	zip()
compile()	globals()	map()	reversed()	__import__()
complex()	hasattr()	max()	round()	

내장 함수 중 몇 가지만 살펴보겠습니다.

abs( )

전달받은 숫자의 절대값을 리턴 해주는 함수입니다.

실습파일 ch06₩Ex10.py

```
print(abs(7))
print(abs(-7))
print(abs(-1.2))

[실행결과]
7
7
1.2
```

all( )

매개변수로 전달된 반복 가능한 값이 모두 True이면 True가 리턴되고 하나라도 거짓이면 False를 리턴 해주는 함수입니다. 반복 가능한 값에는 리스트, 튜플, 딕셔너리 등이 있습니다.

실습파일 ch06₩Ex11.py

```
1    print(all([1,2,3]))
2    print(all([1,2,-3]))
3    print(all([1,0,2,3]))
4    print(all([]))
5    print(all([1,True]))
6    print(all([1,False]))

[실행결과]
True
True
False
True
True
False
```

1: 숫자는 0이 아니면 모두 True입니다. all( ) 함수 안에 모두 0이 아닌 숫자가 있으므로 True입니다.

2: 숫자는 0이 아니면 모두 True입니다. all( ) 함수 안에 모두 0이 아닌 숫자가 있으므로 True입니다.

3: 0이 있으므로 False입니다.

4: 리스트 안의 요소가 없으면 True를 리턴합니다.

5: 1과 True는 True이므로 True를 리턴합니다.

6: 리스트 안에 False가 있으면 False가 리턴됩니다.

any( )

매개변수로 전달된 반복 가능한 값이 모두 True이면 True가 리턴되고 모두 거짓이면
False를 리턴 해주는 함수입니다.

ch06₩Ex12.py

```
1       print(any([1,2,3]))
2       print(any([1,2,-3]))
3       print(any([1,0,2,3]))
4       print(any([]))
5       print(any([1,True]))
6       print(any([1,False]))

[실행결과]
True
True
True
False
True
True
```

1: 숫자는 0이 아니면 모두 True입니다. any( ) 함수 안에 모두 0이 아닌 숫자가 있으므로
True입니다.

2: 숫자는 0이 아니면 모두 True입니다. any( ) 함수 안에 모두 0이 아닌 숫자가 있으므로
True입니다.

3: False에 해당하는 0있지만 모두 0은 아니므로 True가 리턴됩니다.

4: 리스트 안의 요소가 없으면 False를 리턴합니다.

5: 1과 True는 True이므로 True를 리턴합니다.

6: 리스트 안에 False가 있지만 모두 False가 아니므로 True가 리턴됩니다.

dir( )

매개변수로 들어온 데이터(객체)가 가지고 있는 변수나 함수의 목록을 보여줍니다.

ch06₩Ex13.py

```
print( dir([1,2,3]) )

[실행결과]
['__add__', '__class__', '__contains__', '__delattr__', '__delitem__', '__dir__', '__doc__',
'__eq__', '__format__', '__ge__', '__getattribute__', '__getitem__', '__gt__', '__hash__',
'__iadd__', '__imul__', '__init__', '__init_subclass__', '__iter__', '__le__', '__len__',
'__lt__', '__mul__', '__ne__', '__new__', '__reduce__', '__reduce_ex__', '__repr__', '__
reversed__', '__rmul__', '__setattr__', '__setitem__', '__sizeof__', '__str__', '__subclas-
shook__', 'append', 'clear', 'copy', 'count', 'extend', 'index', 'insert', 'pop', 'remove',
'reverse', 'sort']
```

dir()안에 넣은 리스트에 적용할 수 있는 함수 목록이 나타납니다.

ch06₩Ex14.py

```
print( dir({'a':1}) )

[실행결과]
['__class__', '__contains__', '__delattr__', '__delitem__', '__dir__', '__doc__', '__eq__',
'__format__', '__ge__', '__getattribute__', '__getitem__', '__gt__', '__hash__', '__init__',
'__init_subclass__', '__iter__', '__le__', '__len__', '__lt__', '__ne__', '__new__', '__
reduce__', '__reduce_ex__', '__repr__', '__reversed__', '__setattr__', '__setitem__', '__
sizeof__', '__str__', '__subclasshook__', 'clear', 'copy', 'fromkeys', 'get', 'items',
'keys', 'pop', 'popitem', 'setdefault', 'update', 'values']
```

dir()안에 넣은 딕셔너리에 적용할 수 있는 함수 목록이 나타납니다.

eval( )

실행 가능한 문자열을 입력 받아, 문자열을 실행한 값을 리턴 해주는 함수입니다.

ch06₩Ex15.py

```
print(eval('1+2'))
print(eval("'good' +'morning'"))

[실행결과]
3
goodmorning
```

'1+2'는 문자열이어서 print('1+2')하면 1+2로 출력되지만 eval('1+2') 로 하면 연산한 결과
3을 리턴해서출력합니다.

filter( )

filter 함수는 조건에 맞는 데이터를 걸러내는 함수입니다. filter의 첫번째 인자에는 함수
이름을 넣고, 두번째 인자에는 반복 가능한 데이터를 넣습니다. 반복 가능한 데이터를 첫
번째 인자로 넣은 함수에 넣었을 때 리턴 값이 참인 것만 걸러내 하나로 묶어서 리턴 해줍
니다.

```
[형식]
filter(함수, 반복가능한 데이터)
```

```
1       members = [{'name': 'kim', 'addr': '서울'},
2                  {'name': 'park', 'addr': '제주'},
3                  {'name': 'jung', 'addr': '부산'},
4                  {'name': 'seo', 'addr': '부산' },
5                  {'name': 'choi', 'addr': '제주'}]
6
7       def searchaddr(mem):
8           return mem['addr']=='제주'
9
10      person = list(filter(searchaddr,members))
11      print('person:', person)
12
13      for per in filter(searchaddr,members):
14          print('per:', per)

[실행결과]
person: [{'name': 'park', 'addr': '제주'}, {'name': 'choi', 'addr': '제주'}]
per: {'name': 'park', 'addr': '제주'}
per: {'name': 'choi', 'addr': '제주'}
```

1~5: filter()안에 들어갈 반복 가능한 데이터를 리스트로 작성합니다.

7~8: searchaddr() 함수 정의 부분입니다.

10: filter()안에 첫번째 인자에 작성한 searchaddr()함수를 호출하면서 인자로 members 리스트를 넘깁니다. 넘어가는 members 리스트는 7행의 mem 자리에 들어갑니다.

8: mem변수에 전달된 members 리스트에서 addr가 제주인 요소만 리턴합니다. 리턴 되는 값은 10행의 filter(searchaddr,members) 자리로 들어가면서 list로 묶입니다. list로 묶인 데이터는 person에 넣습니다.

11: 리스트로 묶인 person을 출력합니다.

13: for문에서 반복대상인 filter(searchaddr,members)를 실행하면 7행의 searchaddr() 함수에서 addr가 제주인 것만 filter(searchaddr,members) 자리에 리턴합니다. 리턴 된 값을 per변수에 넣고 14행의 출력을 반복합니다.

map()

map 함수는 map() 함수 안의 인자에 작성한 함수를 실행한 결과를 하나로 묶어서 리턴 해주는 함수입니다. map의 첫번째 인자에는 함수 이름을 넣고, 두번째 인자에는 반복 가 능한 데이터를 넣습니다. 반복 가능한 데이터를 첫번째 인자의 함수에 넣어 실행한 후 실 행한 값을 하나로 묶어서 리턴해줍니다.

실습파일 ch06₩Ex17.py

```
1        L = [1,2,3,4,5]
2        def mul(num):
3            return num * num
4
5        result = map(mul,L)
6        print('result:', result)
7        listresult = list(map(mul,L))
8        print('listresult:', listresult)
9
10       for i in map(mul,L) :
11           print(i)

[실행결과]
result: <map object at 0x000000000266C1C0>
listresult: [1, 4, 9, 16, 25]


1
4
9
16
25
```

1: 리스트 L생성합니다.

2~3: 함수 mul() 정의 부분입니다.

5: mul함수로 반복 가능한 리스트 L을 하나씩 넘깁니다. 넘긴 값을 반복 가능한 iterator 데이터 형태로 리턴합니다.

6: 리턴 된 값을 받은 result에는 map 객체 형태의 데이터가 들어 있으므로 결과값을 정확히 확인할 수 없습니다. 출력되는 값은 객체 값입니다. 객체는 뒤에서 자세히 알아보겠습니다.

7: 리턴 된 iterator형태의 데이터를 받아 list 형태로 만들어서 listresult 변수에 넣어줍니다.

8: 리스트 형태의 데이터로 출력 확인할 수 있습니다.

10: map(mul,L) 호출해서 리턴 받은 iterator형태의 데이터를 하나씩 i에 넣어서 반복해서 출력합니다. for i in list(map(mul,L)): 의 형태로 작성하는 것도 가능합니다.

pow( )

pow(x,y)는 x의 y제곱한 수를 리턴 하는 함수입니다.

```
[형식]
pow(수1, 수2)
```

실습파일 ch06₩Ex18.py

```
result = pow(3,4)
print(result)

[실행결과]
81
```

pow(3,4)로 3의 4승한 결과를 리턴해서 result 변수에 넣고 출력합니다.

round( )

round( ) 함수는 반올림할 수 있는 함수입니다. 함수 안의 첫번째 인자에는 반올림할 숫자가 오고, 두번째 인자에는 반올림할 자릿수를 지정하는데 두번째 인자는 생략할 수 있습니다.

```
[형식]
round(숫자,[반올림할 자릿수])
```

실습파일 ch06₩Ex19.py

```
1       print("1:",round(1.23))
2       print("2:",round(8.723))
3       print("3:",round(0.723))
4       print("4:",round(0.1234))
5       print("5:",round(-0.1234))
6       print("6:",round(-0.723))
7       print("7:",round(163.729,2))
8       print("8:",round(163.729,1))
9       print("9:",round(0.06729,1))
10      print("10:",round(0.06729,2))
11      print("11:",round(163.729,-1))
12      print("12:",round(163.729,-2))

[실행결과]
1: 1
2: 9
```

```
3: 1
4: 0
5: 0
6: -1
7: 163.73
8: 163.7
9: 0.1
10: 0.07
11: 160.0
12: 200.0
```

1: round() 함수 안에 반올림할 자리 수를 지정하지 않아서 1의 자리까지 출력됩니다. 소수 아래 자리가 5이상이 아니니까 소수 아래 자리는 버립니다.

2: 소수 아래 자리가 7로 5이상이어서 1의 자리가 9로 반올림되어 1의 자리까지 출력됩니다.

3: 소수 아래 자리가 7로 5이상이어서 1의 자리가 1로 반올림되어 1의 자리까지 출력됩니다.

4: 소수 아래 자리가 1로 5이상이 아니어서 1의 자리가 반올림되지 않고 0으로 1의 자리까지 출력됩니다.

5: 소수 아래 자리가 1로 5이상이 아니어서 1의 자리가 반올림되지 않고 0으로 1의 자리까지 출력됩니다.

6: 소수 아래 자리가 7로 5이상이어서 1의 자리가 반올림되어 1로 1의 자리까지 출력됩니다. 음수일 때에는 음수 기호를 빼고 양수로 생각해서 반올림을 한 후 음수 기호만 붙여줍니다.

7: 반올림할 자릿수 2를 지정하면 소수 아래 3번째 자리를 보고 5이상이면 소수 아래 2번째 자리가 반올림되어 출력됩니다. 3번째 자리가 9여서 2번째 자리가 3으로 반올림되어 소수 아래 2번째 자리까지 출력됩니다.

8: 반올림할 자릿수 1을 지정하면 소수 아래 2번째 자리를 보고 5이상이면 소수 아래 1번째 자리가 반올림되어 출력됩니다. 소수 아래 2번째 자리가 2여서 1의 자리가 반올림되지 않고 소수 아래 첫째 자리까지 출력됩니다.

9: 소수 아래 2번째 자리가 6이어서 소수 아래 첫번째 자리가 올림 되어 소수 아래 첫번째 자리까지 출력됩니다.

10: 소수 아래 3번째 자리가 7이어서 소수 아래 두번째 자리가 올림 되어 소수 아래 두번째 자리까지 출력됩니다.

11: -1은 십의 자리를 말합니다. 일의 자리는 3이어서 반올림이 안되고 십의 자리까지 출력됩니다.

12: -2는 백의 자리를 말합니다. 십의 자리는 6이어서 반올림이되서 백의 자리까지 출력됩니다.

sorted()

sorted()는 반복 가능한 데이터를 받아서 정렬한 데이터를 리턴 해주는 함수입니다. 첫번째 인자에는 정렬할 데이터를 넣고 두번째 인자에는 정렬 방법을 넣습니다. reverese=True는 내림차순 정렬이고 reverse=False는 오름차순 정렬입니다. 오름차순 정렬은 숫자는 1,2,3,.., 알파벳은 A,B,C,.. a,b,c,.. 한글은 가나다 순으로 정렬되는 방식이고 여러 종류의 문자가 있을 때에는 특수문자, 숫자, 알파벳, 한글 순으로 정렬이 됩니다. 반복 가능한 데이터를 sorted의 인자로 넣어도 반복 가능한 데이터 자체가 정렬되지는 않습니다.

```
[형식]
sorted (반복 가능한 데이터[, reverse=True or False])
```

실습파일   ch06₩Ex20.py

```
1       L = [3,1,9,7]
2       print('L:',L)
3       result1 = sorted(L)
4       print('result1:', result1)
5       print('L:',L)
6       result2 = sorted(L,reverse=False)
7       print('result2:',result2)
8       result3 = sorted(L,reverse=True)
9       print('result3:',result3)

[실행결과]
L: [3, 1, 9, 7]
result1: [1, 3, 7, 9]
L: [3, 1, 9, 7]
result2: [1, 3, 7, 9]
result3: [9, 7, 3, 1]
```

3: 리스트 L의 정렬된 값을 result1에 넣습니다. 기본 정렬은 오름차순 정렬입니다.

4: 오름차순 정렬된 리스트가 출력됩니다.

5: 리스트 L은 정렬되지 않았습니다.

6: reverse=False는 오름차순 정렬입니다. reverse=False는 작성하지 않아도 기본으로 들어가는 default 값입니다. 생략 가능합니다.

8: reverse=False는 내림차순 정렬입니다. 내림차순 정렬된 값을 result3에 넣습니다.

ch06₩Ex21.py

```
1       L = ['orange','apple','oRAnGe','appear','3apple','#apple','라apple']
2       print('L:',L)
3       result1 = sorted(L)
4       print('result1:', result1)
5       result2 = sorted(L,reverse=True)
6       print('result2:', result2)
7       print(sorted("fruit"))

[실행결과]
L: ['orange', 'apple', 'oRAnGe', 'appear', '3apple', '#apple', '라apple']
result1: ['#apple', '3apple', 'appear', 'apple', 'oRAnGe', 'orange', '라apple']
result2: ['라apple', 'orange', 'oRAnGe', 'apple', 'appear', '3apple', '#apple']
['f', 'i', 'r', 't', 'u']
```

1: 문자열로 구성된 리스트 L을 작성합니다.

3: 리스트 L의 정렬된 값을 result1에 넣습니다. 기본 정렬은 오름차순 정렬입니다. 특수 문자, 숫자, 알파벳, 한글 순으로 정렬이 됩니다. 알파벳을 오름차순 정렬하면 대문자가 소문자보다 먼저 나옵니다. 첫번째 글자를 비교해서 같으면 두번째 글자를 비교합니다. 두번째 글자를 비교해서 같으면 세번째 글자를 비교합니다.

5: reverse=True를 써서 result2에 내림차순 정렬된 데이터가 들어갑니다.

7: 문자열 하나를 정렬하면 리스트 처리되어 한 글자씩 정렬됩니다.

정렬하는 함수로 sort()함수가 있습니다. sort()함수는 sorted()함수와 달리 리턴 하지않고 리스트 자체가 정렬됩니다.

```
[형식]
리스트.sort([ reverse=True or False])
```

ch06₩Ex22.py

```
1       L = [3,1,9,7]
2       print('L:',L)
3       result1 = L.sort()
4       print('result1:', result1)
5       print('L2:',L)
6       L.sort(reverse=True)
7       print('L3:',L)
```

```
[실행결과]
L: [3, 1, 9, 7]
result1: None
L2: [1, 3, 7, 9]
L3: [9, 7, 3, 1]
```

1: 리스트 L을 작성합니다.

3: 리스트 L을 정렬합니다. sort()함수는 리턴 하지 않으므로 result1에 들어가는 값이 없습니다.

4: 리턴 된 값이 없어서 값이 없음을 뜻하는 None이 출력됩니다.

5: 리스트 L 자체가 정렬되어 정렬된 값이 출력됩니다. 기본 정렬은 오름차순 정렬입니다.

6: 리스트 L이 reverse=True로 내림차순 정렬된 것으로 바뀝니다.

7: 리스트 L의 내림차순 정렬된 값이 출력됩니다.

zip()

리스트와 튜플 같은 반복 가능한 데이터를 같은 위치의 요소 끼리 하나로 묶어주는 기능을 합니다. 각각의 데이터는 같은 길이를 가져야 합니다.

```
[형식]
zip(리스트1,리스트2,…)
```

실습파일 ch06₩Ex23.py

```
1    name = ['kim','park','jung']
2    age = [30,20,40]
3    height = [162.9,142.7,189.3]
4
5    result = zip(name,age,height)
6    print('result:',result)
7
8    listresult = list(result)
9    print('listresult:',listresult)
10
11   result = zip(name,age)
12   tupleresult = tuple(result)
13   print('tupleresult:',tupleresult)
14
15   result = zip(name,age)
16   dictresult = dict(result)
17   print('dictresult:',dictresult)
```

```
[실행결과]
result: <zip object at 0x00000000026D1500>
listresult: [('kim', 30, 162.9), ('park', 20, 142.7), ('jung', 40, 189.3)]
tupleresult: (('kim', 30), ('park', 20), ('jung', 40))
dictresult: {'kim': 30, 'park': 20, 'jung': 40}
```

1~3: 리스트 3개를 생성합니다.

5: 리스트 3개를 zip()함수 안에 넣으면 zip() 함수는 zip 객체 값을 리턴합니다.

8: 보기 좋게 출력하기 위해 3개의 리스트를 zip() 함수로 묶은 것을 list형태로 변환합니다.
각 리스트에서 하나씩 가져와서 튜플로 묶고 각각의 튜플은 리스트로 다시 묶입니다.

11: name과 age리스트만 zip()함수의 인자로 사용합니다.

12: zip() 함수 결과를 다시 tuple()로 만듭니다. 결과가 튜플 형태로 나옵니다.

15: name과 age리스트만 zip()함수의 인자로 사용합니다.

16: zip() 함수 결과를 다시 dict() 함수를 사용해서 사전으로 만듭니다. 키와 값의 쌍으로
리턴됩니다.

6.9 문자열 함수

문자열은 '' 또는 ""로 둘러싸인 여러 문자들의 집합을 말합니다. 문자열에 적용할 수 있는
함수 예제를 보겠습니다.

문자열의 개수를 셀 수 있는 __len__() 함수와 count() 함수

실습파일   ch06₩Ex24.py

```
1       s = "Hello"
2       result1 = s.__len__()
3       print('__len__():',result1)
4
5       result1 = s.count('l')
6       print('count:',result1)

[실행결과]
__len__(): 5
count: 2
```

1: ""로 둘러싼 문자열을 만듭니다.

2: 문자열에 _len_() 함수를 써서 전체 문자열의 개수를 구합니다. 밑줄(_)은 2개 사용합니다.

5: s문자열에서 'l' 문자의 개수를 구합니다.

문자열에서 특정한 문자의 위치를 찾을 수 있는 index( ) 함수와 find( ) 함수

실습파일   ch06₩Ex25.py

```
1       s = "Have a Nice Day"
2       index1 = s.index('e') #0부터 시작
3       print('index1:',index1)
4
5       # index2 = s.index('x') # 'x'가 없으면 에러 발생
6       # print('index2:',index2)
7
8       find1 = s.find('e')  # 0부터 시작
9       print('find1:',find1)
10
11      find2 = s.find('x') # 'x'가 없으면 -1 리턴
12      print('find2:',find2)
13
14      find3 = s.find('n') # 소문자 n이 없으므로 -1 리턴
15      print('find3:',find3)

[실행결과]
index1: 3
find1: 3
find2: -1
find3: -1
```

TIP

찾는 문자가 없을 때 index( )는 에러가 발생하고 find( )는 -1 을 리턴합니다.

1: 문자열을 만들어 s변수에 넣습니다.

2: index( ) 함수는 찾는 문자열의 위치를 리턴합니다. s문자열에서 index( ) 함수를 사용해서 'e' 문자의 위치를 찾습니다. 맨 앞의 'H'는 위치 번호가 0이고 그 옆의 'a'는 위치 번호 1입니다. 그래서 'e'의 위치는 3입니다. 처음 나오는 'e'의 위치만 찾습니다.

5: s문자열에서 없는 'x'의 위치를 찾으려고 하면 에러가 발생합니다.

8: 위치를 찾는 함수는 index( )도 있지만 find( ) 함수도 있습니다. find( ) 함수도 찾는 문자열의 위치를 리턴합니다. s문자열에서 'e'문자의 위치는 2행에서와 같이 3입니다. 시작 위치는 0입니다.

11: s문자열에서 없는 'x'의 위치를 찾으려고 하면 -1을 리턴합니다. 이것이 index( ) 함수와의 차이입니다.

14: 찾는 문자열은 대소문자를 구분합니다. 소문자 'n'의 위치를 찾으려고 하니 없어서 -1 이 리턴됩니다.

문자열을 특정한 문자열과 연결할 수 있는 함수로 join() 함수가 있고 알파벳을 대,소문자로 변경할 수 있는 upper() 함수와 lower() 함수가 있습니다.

실습파일 ch06\Ex26.py

```
1        s = "Have a Nice Day"
2        join = "/".join(s)
3        print('join:',join)
4
5        upper = s.upper()
6        print('upper:',upper)
7
8        lower = s.lower()
9        print('lower:',lower)
```

[실행결과]
join: H/a/v/e/ /a/ /N/i/c/e/ /D/a/y
upper: HAVE A NICE DAY
lower: have a nice day

1: 문자열을 만들어 s변수에 넣습니다.

2: join()는 연결할 때 사용하는 함수입니다. '/' 문자열을 s문자열의 사이 사이에 넣어서 연결합니다.

5: upper() 함수는 소문자를 대문자로 변경하는 함수입니다. s문자열을 대문자로 변경합니다.

8: lower() 함수는 대문자를 소문자로 변경하는 함수입니다. s문자열을 소문자로 변경합니다.

문자열에서 공백을 제거할 수 있는 strip() 함수와 문자열을 변경할 수 있는 replace() 함수

실습파일 ch06\Ex27.py

```
1        s = "  He  ll  o  " # 공백은 모두 2칸씩
2        print('s:',s, s.__len__())
3        strip = s.strip()
4        print('strip:',strip,strip.__len__())
5
6        s = "Have a Nice Day"
7        replace = s.replace("Nice", "Good")
8        print('replace:',replace)
```

[실행결과]
s: He ll o   13
strip: He ll o 9
replace: Have a Good Day

1: 문자열을 만들어 s변수에 넣습니다. 공백은 모두 2칸씩입니다.

2: 문자열과 공백 포함한 문자열의 개수를 출력합니다.

3: strip() 함수는 문자열에서 첫번째 문자 앞의 모든 공백과 마지막 문자 이후의 모든 공백을 제거하는 함수입니다. s문자열에서 'H'앞의 모든 공백과 'o'뒤의 모든 공백을 제거합니다. 문자열 사이 사이의 공백은 제거하지 않습니다.

4: 공백을 제거한 문자열과 공백을 제거한 문자열의 개수를 출력합니다.

6: 새로운 문자열을 만들어 s변수에 넣습니다.

7: replace(인자1,인자2) 함수는 s문자열에서 인자1의 문자열을 찾아 인자2의 문자열로 변경하는 함수입니다. "Nice"가 "Good"으로 변경되었습니다.

문자열을 분리시킬 수 있는 split() 함수

실습파일 ch06₩Ex28.py

```
1    s = "Have a Nice Day"
2    split1 = s.split()
3    print('split1:',split1)
4
5    s = "Have, a Nice, Day"
6    split2 = s.split(",")
7    print('split2:',split2)

[실행결과]
split1: ['Have', 'a', 'Nice', 'Day']
split2: ['Have', ' a Nice', ' Day']
```

1: 문자열을 만들어 s변수에 넣습니다.

2: split()함수는 문자열을 ()안의 구분자로 분리시켜 리스트 형태로 리턴하는 함수입니다. ()안에 아무것도 없으면 공백(스페이스,탭,엔터)를 구분자로 문자열을 나누어 줍니다. s.split()는 s.split(" ")과 같습니다. 총 4개로 분리되어 리턴됩니다.

5: 문자열을 만들어 s변수에 넣습니다.

6: s문자열을 "," 구분자로 나누어 리스트 형태로 리턴합니다. 총 3개로 분리되어 리턴합니다.

문자열에 format을 설정할 수 있는 format() 함수

ch06₩Ex29.py

```
1        name="길동"
2        hobby="등산"
3        print("나의 이름은 {}이고 취미는 {}입니다.".format(name,hobby))
4        print("나의 이름은 {name}이고 취미는 {hobby}입니다.".format(name='춘향',hobby='영
화'))
5        print("나의 이름은 %s이고 취미는 %s입니다." % (name,hobby))
6
7        age = 30
8        weight = 78.456
9        print("나의 나이는 {}이고 몸무게는 {}입니다.".format(age,weight))
10       print("나의 나이는 %d고 몸무게는 %f입니다." % (age,weight))
11       print("나의 나이는 %d고 몸무게는 %.2f입니다." % (age,weight))

[실행결과]
나의 이름은 길동이고 취미는 등산입니다.
나의 이름은 춘향이고 취미는 영화입니다.
나의 이름은 길동이고 취미는 등산입니다.
나의 나이는 30이고 몸무게는 78.456입니다.
나의 나이는 30고 몸무게는 78.456000입니다.
나의 나이는 30고 몸무게는 78.46입니다.
```

1~2: 문자열을 설정합니다.

3: 문자열에 format 함수를 적용해서 첫번째 {}에는 format() 함수의 첫번째 인자를 넣고
두번째 {}에는 format() 함수의 두번째 인자를 넣습니다.

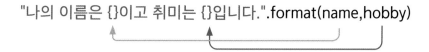

4: format의 name변수의 값을 {name}에 넣고, hobby변수의 값을 {hobby}에 넣습니다.

5: 문자열은 format() 함수 뿐 아니라 서식 문자를 사용해서도 출력할 수 있습니다. 문자
열 % (출력할 데이터)의 형식을 사용해서 출력할 데이터의 첫번째 값 name을 출력할
수 있는데 name이 문자열이니 문자열을 출력할 수 있는 서식 문자 %s를 사용해서 첫
번째 %s에는 name변수의 값을 출력하고 출력할 데이터의 두번째 값 hobby도 문자열이
니 문자열을 출력할 수 있는 서식 문자 %s를 사용해서 두번째 %s에는 hobby 변수의 값
을 출력합니다.

7: age에 정수를 넣습니다.

8: weight에 실수를 넣습니다.

10: age는 정수이므로 서식 문자 %d로 출력하고, weight는 실수이므로 %f로 출력합니다. 기본 소수 아래 6자리까지 출력합니다.

11: weight를 출력할 때 %.2f 를 써서 소수 아래 3번째 자리에서 반올림해서 소수 아래 2자리까지 출력합니다.

문자열에 특정 형태의 데이터가 들어있는지 알아낼 수 있는 여러가지 함수

실습파일 ch06₩Ex30.py

```
1       s="hello2021"
2       isnumeric = s.isnumeric()
3       print('isnumeric:',isnumeric)
4
5       isalnum = s.isalnum()
6       print('isalnum:',isalnum)
7
8       isalpha = s.isalpha()
9       print('isalpha:',isalpha)
10
11      islower = s.islower()
12      print('islower:',islower)
13
14      isspace = s.isspace()
15      print('isspace:',isspace)

[실행결과]
isnumeric: False
isalnum: True
isalpha: False
islower: True
isspace: False
```

1: 문자열을 만들어 s변수에 넣습니다.

2: isnumeric() 함수는 문자열이 모두 숫자인지 알아내는 함수입니다. 모두 숫자이면 True, 아니면 False를 리턴합니다.

5: isalnum() 함수는 문자열이 영어, 한글, 숫자로만 되어 있으면 True, 아니면 False를 리턴하는 함수입니다.

8: isalpha() 함수는 문자열이 영어, 한글로만 되어 있으면 True, 아니면 False를 리턴하는 함수입니다.

11: islower() 함수는 문자열 중 알파벳이 소문자로만 되어 있으면 True, 아니면 False를 리턴하는 함수입니다.

14: isspace( ) 함수는 문자열이 공백으로만 되어 있으면 True, 아니면 False를 리턴하는 함수입니다.

문자열이 숫자로만 구성되었는지 알아보는 isnumeric( ) 함수, isdecimal( ) 함수, isdigit( ) 함수

실습파일 ch06₩Ex31.py

```
1     print('123 isnumeric:',"123".isnumeric( ))
2     print('12.3 isnumeric:',"12.3".isnumeric( ))
3     print('⅓ isnumeric:',"⅓".isnumeric( ))
4     print('123² isnumeric:',"123²".isnumeric( ))
5     print('----------------------')
6
7     print('123 isdecimal:',"123".isdecimal( ))
8     print('12.3 isdecimal:',"12.3".isdecimal( ))
9     print('⅓ isdecimal:',"⅓".isdecimal( ))
10    print('123² isdecimal:',"123²".isdecimal( ))
11    print('----------------------')
12
13    print('123 isdigit:',"123".isdigit( ))
14    print('12.3 isdigit:',"12.3".isdigit( ))
15    print('⅓ isdigit:',"⅓".isdigit( ))
16    print('123² isdigit:',"123²".isdigit( ))

[실행결과]
123 isnumeric: True
12.3 isnumeric: False
⅓ isnumeric: True
123² isnumeric: True
----------------------
123 isdecimal: True
12.3 isdecimal: False
⅓ isdecimal: False
123² isdecimal: False
----------------------
123 isdigit: True
12.3 isdigit: False
⅓ isdigit: False
123² isdigit: True
```

1~4: isnumeric( ) 함수는 문자열이 숫자로 되어 있으면 True를, 아니면 False를 리턴하는 함수입니다. 숫자는 거듭 제곱, 분수 등도 포함됩니다. "12.3"은 False, "⅓"는 True, "123²"는 True를 리턴합니다.

7~10: isdecimal( ) 함수는 문자열이 정수 타입으로 변환 가능한 숫자로 되어 있으면 True를, 아니면 False를 리턴하는 함수입니다. "12.3"은 False, "⅓"는 False, "123²" 는 False를 리턴합니다.

13~16: isdigit( ) 함수는 문자열이 숫자로 되어 있으면 True를, 아니면 False를 리턴하는 함수입니다. "12.3"은 False, "⅓"는 False, "123²" 는 True를 리턴합니다.

'*' 1개 출력을 반복해서 아래의 결과가 나오도록 starprint( )
함수를 반복문 사용해서 작성하세요.

```
[실행결과]
*****
****
***
**
*
```

아래와 같이 리스트 members를 만듭니다. 이름을 입력해서 주어
진 리스트 members에 이미 존재하면 추가하지 않고, 존재하지 않
으면 리스트 맨 뒤에 추가하는 addmember( ) 함수를 작성하세요.

```
members = ['kim', 'lee', 'park']
print ('members:', members)

while True :
    name = input('이름입력:')
    addmember(name)
    retry = input('계속 ?')
    if retry == 'n' :
        break

print ('members:',members)

[실행결과]
members: ['kim', 'lee', 'park']
이름입력:park
존재함
계속 ?y
이름입력:choi
추가함
계속 ?y
이름입력:kim
존재함
계속 ?y
이름입력:jung
추가함
계속 ?n
members: ['kim', 'lee', 'park', 'choi', 'jung']
```

연습 문제 ③ filter 함수를 사용해서 1, 7, -2, 0, -14, 9의 수 중 양수만 걸러내는
코드를 작성하세요.

[실행결과]
result1: [1, 7, 9]
res: 1
res: 7
res: 9

연습 문제 ④ 두 수(num1, num2)를 입력 받아 num1의 num2승을 구하는 재귀
함수를 작성하세요.

[실행결과]
수1:3
수2:4
result: 81

[실행결과]
수1:5
수2:7
result: 78125

QR

동영상강의 지금 바로 접속하기

Chapter. 07

모듈

규모가 큰 프로젝트는 하나의 파일에 모든 내용을 넣지
않고 기능별로 여러 파일을 만들어 작성합니다.
여러 파일을 작성하다 보면 같은 함수를 여러 번 작성해
야 하는 경우가 나올 수 있습니다. 파일마다 함수를 반
복해서 작성하지 않고 한 번만 만들어 놓고 재사용할 수
있다면 시간과 노력이 줄어들 것입니다.

7.1 모듈이란

모듈이란 변수, 함수, 클래스와 같은 여러가지 코드를 하나로 모아놓은 파일입니다. 모듈은 한번 만들어 놓고 여러 번 재사용 할 수 있습니다. 모듈은 사용자가 만들어 쓸 수도 있고 이미 많은 개발자들이 만들어 놓은 모듈을 가져와서 사용할 수도 있습니다.

실습파일 ch07₩module01.py

```
1    #module01.py
2    def add(a, b):
3        return a+b
4
5    def mul(a, b):
6        return a * b
```

실습파일 ch07₩module02.py

```
1    #module02.py
2    result1 = add(10,20) # 에러
3    print('result1 : ', result1)
```

위와 같이 module01.py와 module02.py 파일을 작성합니다. module02.py 파일에서 add()함수를 호출하지만 module02.py 파일에서는 add() 함수를 정의하지 않았으므로 2행에서 'NameError: name 'add' is not defined' 에러가 발생합니다. module01.py 파일에서 정의한 add()함수를 module02.py 파일에서 사용하기 위해서는 module02.py에서 module01.py 파일을 import 해야합니다. 모듈을 import하는 방법은 아래와 같습니다.

```
[형식]
from 모듈명 import 함수명1, 함수명2,…

[형식2]
from 모듈명 import *

[형식3]
import 모듈명
모듈명.함수명( )
```

```
1        #module03.py
2        from module01 import add
3        result1 = add(10,20)
4        print('result1 : ', result1)

[실행결과]
result1 :  30
```

2: import는 현재 파일에 없는 다른 파일의 코드를 가져다 쓰고 싶을 때 사용하는 키워드
   입니다. module01.py안의 add( )함수를 현재 파일로 가져와서 사용하겠다는 의미입
   니다. module01.py안의 모든 함수를 사용하고 싶으면 from module01 import add,
   mul 이라고 작성하던가 from module01 import * 을 사용합니다. *은 모든 함수를 의
   미합니다.

3: 현재 파일에 module01.py의 add( ) 함수가 들어와 있으니 add(10,20)으로 호출할 수
   있습니다.

위의 코드를 아래처럼 작성할 수도 있습니다.

실습파일　ch07₩module04.py

```
1        #module04.py
2        import module01
3        result1 = module01.add(10,20)
4        print('result1 : ', result1)

[실행결과]
result1 :  30
```

2: module01.py 파일을 module04.py에서 사용하겠다는 의미입니다. 현재 파일에서
   module01.py의 모든 코드를 가져와서 쓰겠다는 의미입니다.

3: import module01로 module01.py 파일을 현재 파일에 포함하면 모듈명.함수명( )을
   써서 module01.py 모듈의 add( )함수를 호출한다고 작성해야 합니다.

다음 module11.py에서는 add( )함수와 mul( )함수를 호출하는 코드를 추가했습니다.

```
1        #module11.py
2        def add(a, b):
3            return a+b
4
5        def mul(a, b):
6            return a * b
7
8        result1 = add(10,20)
9        print('module11 result1 : ', result1)
10       result2 = mul(3,4)
11       print('module11 result2 : ', result2)

[실행결과]
module11 result1 :  30
module11 result2 :  12
```

module12.py에서 module11.py의 add()를 import합니다.

```
1        #module12.py
2        from module11 import add
3        result1 = add(10,20)
4        print('module12 result1 : ', result1)

[실행결과]
module11 result1 :  30
module11 result2 :  12
module12 result1 :  30
```

2: from module11 import add를 작성하면 module12.py를 실행할 때 module11.py의
일반 실행문 8행~11행이 같이 실행됩니다. import를 해서 현재 module12.py파일에
module11.py의 일반 실행문이 포함되므로 module12.py 실행할 때 module11.py의 8
행~11행이 같이 실행됩니다. 그래서 실행결과 module11의 result1과 result2가 같이 출
력되고 있습니다.

module12.py를 실행할 때 module11.py의 일반 실행문 8행~11행이 같이 실행되지 않게
하는 방법에 대해 알아보겠습니다.
파이썬에는 현재 실행중인 모듈의 이름이 저장되는 __name__(밑줄(_)2개) 이라는 전역 변
수가 존재합니다.

```
1        #module21.py
2        def add(a, b):
3            return a+b
4
5        def mul(a, b):
6            return a * b
7
8        print('module21.py:',__name__)

[실행결과]
module21.py: __main__
```

8: 실행중인 현재 파일(모듈)의 이름이 __name__ 변수에 저장되는데 현재 파일에서 실행
   하면 모듈 이름 대신 __main__이 들어가고 import로 모듈을 가져오면 모듈명이 들어
   옵니다. 위 예제는 module21.py에서 실행 했으므로 모듈이름으로 __main__이 출력됐
   습니다.

```
1        #module22.py
2        from module21 import add
3        print('module22.py:',__name__)
4        result1 = add(10,20)
5        print('module22 result1 : ', result1)

[실행결과]
module21.py: module21
module22.py: __main__
module22 result1 :  30
```

2: module21을 import하면서 module21.py의 8행이 실행됩니다. module21.py는 mod-
   ule22.py에서 실행하므로 module21.py의 8행에서 출력되는 __name__은 모듈명
   module21이 출력됩니다.
3: 3행에서 사용되는 __name__은 module2.py에서 실행 했으므로 현재 모듈을 대신하는
   이름 __main__이 출력됩니다.

그래서 module22.py를 실행할 때 module21.py의 일반 실행문 8행이 실행되지 않게 하려
면 다음 예제처럼 작성합니다.

```
1        #module31.py
2        def add(a, b):
3            return a+b
4
5        def mul(a, b):
6            return a * b
7
8        if __name__ == "__main__" : #밑줄(_)은 2개씩 작성해야 함
9            result1 = add(10,20)
10           print('module31 result1 : ', result1)
11           result2 = mul(3,4)
12           print('module31 result2 : ', result2)

[실행결과]
module31 result1 :  30
module31 result2 :  12
```

8: 만약 module31.py가 실행될 때 module31에서 실행된 것이라면 즉, 현재 파일에서 실행 했으면의 뜻입니다. module31.py에서 실행했을 때에만 9행~12행이 실행됩니다.

```
1        #module32.py
2        from module31 import add
3        result1 = add(10,20)
4        print('module32 result1 : ', result1)

[실행결과]
module32 result1 :  30
```

2: module31을 import하고 있습니다. module32.py에서 실행하면 module31.py의 8행의 _name_은 module1이 되므로 _main_과 같지 않아서 module31.py의 9행~12행은 실행되지 않고 module32.py의 4행만 출력됩니다.

7.2 패키지

모듈을 관련 있는 것끼리 여러 개 모아 놓은 것이 패키지입니다. 패키지는 디렉토리(폴더) 구조로 되어 있습니다. 패키지 안에 패키지가 또 들어갈 수도 있습니다. 이미 만들어 놓은 모듈을 가져와서 사용할 때에는 import 모듈명을 사용합니다.

① package 생성 방법 : 프로젝트명에서 우클릭-New-PyDev Package를 클릭합니다.

② Name 자리에 패키지명 calc작성-Finish를 클릭합니다.

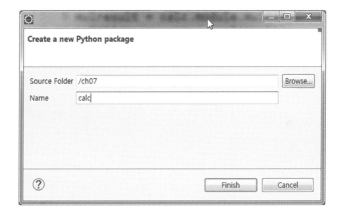

③ ch07 프로젝트명 아래 calc 패키지가 생기고 그 아래 __init__.py파일이 자동 생성됩니다.

④ ch07 프로젝트 안에 main1.py, main2.py를 생성하고 calc 패키지 안에 module.py 파일을 생성합니다.

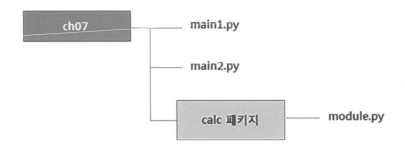

⑤ module.py와 main.py는 생성된 위치가 서로 다릅니다. 프로젝트안에 생성된 main.py
에서 calc 패키지 안의 module.py의 add함수를 사용하려면 main.py에서 calc의 module
을 import 해야 합니다.

```
[형식]
from 패키지명.모듈명 import 함수명1, 함수명2,…
호출할 때 : 함수명( )

[형식2]
from 패키지명.모듈명 import *
호출할 때 : 함수명( )

[형식3]
import 패키지명.모듈명
호출할 때 : 패키지명.모듈명.함수명( )
```

실습파일 ch07\calc\module.py

```
1       # calc\module.py
2       def add(a, b):
3           return a+b
4
5       def mul(a, b):
6           return a * b
```

실습파일 ch07\main1.py

```
1       # main1.py
2       from calc.module import *
3       addresult = add(10,20)
4       print('addresult:', addresult)

[실행결과]
addresult: 30
```

2: main1.py에서 calc패키지의 module.py안의 add()함수를 사용하기 위해 import를 합니다. from 패키지명.모듈명 import 함수명1, 함수명2,.. 또는 from 패키지명.모듈명 import *을 사용합니다. *은 모든 함수를 대신하는 표현입니다.

아래는 import하는 또 다른 방법입니다.

ch07₩main2.py

```
1        # main2.py
2        import calc.module
3        mulresult = calc.module.mul(10,20)
4        print('mulresult:', mulresult)

[실행결과]
mulresult: 200
```

2: main2.py에서 calc패키지의 module.py안의 add()함수를 사용하기 위해 import를 합니다. import 패키지명.모듈명의 형식을 사용합니다.
3: 함수를 호출할 때에는 패키지명.모듈명.함수명()의 형식을 사용합니다.

패키지 안에 패키지가 또 들어갈 수도 있습니다. 아래는 hobby 패키지 안에 language 패키지와 sports 패키지를 추가한 예제입니다.

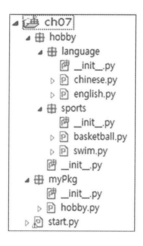

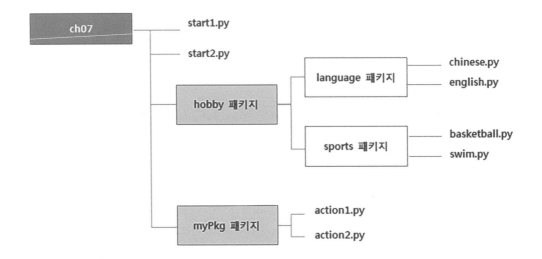

실습파일 ch07₩hobby₩language₩english.py

```
# hobby\language\english.py
def englishstudy(name):
    print(name+"이 영어공부를 합니다.")
```

실습파일 ch07₩hobby₩language₩chinese.py

```
# hobby\language\chinese.py
def chinesestudy(name):
    print(name+"이 중국어 공부를 합니다.")
```

실습파일 ch07₩hobby₩sports₩basketball.py

```
# hobby\sports\basketball.py
def playbasketball(name):
    print(name+"이 농구를 합니다.")
```

ch07₩hobby₩sports₩swim.py

```
# hobby\sports\swim.py
def playswim(name):
    print(name+"이 수영을 합니다.")
```

ch07₩myPkg₩action1.py

```
1        # myPkg\action1.py
2        from hobby.sports.swim import *
3        def playhobby(name):
4            playswim(name)
```

2: myPkg 패키지 안의 action1.py 모듈에서 hobby 패키지 안의 sports 패키지 안의 swim.py 모듈 안의 playswim( ) 함수를 호출하기 위해서 from 패키지명1.패키지명 2.모듈명 import *를 작성합니다.

4: 함수명만 써서 호출합니다.

action1.py 모듈을 아래처럼 작성할 수도 있습니다.

ch07₩myPkg₩action2.py

```
1        # myPkg\action2.py
2        import hobby.sports.swim
3        def playhobby(name):
4            hobby.sports.swim.playswim(name)
```

2: myPkg 패키지 안의 action2.py 모듈에서 hobby 패키지 안의 sports 패키지 안의 swim.py 모듈 안의 playswim( ) 함수를 호출하기 위해서 import 패키지명1.패키지명 2.모듈명을 작성합니다.

4: hobby 패키지 안의 sports 패키지 안의 swim 모듈 안의 playswim( ) 함수를 호출하기 위해 패키지명1.패키지명2.모듈명.함수명 형태로 작성합니다.

아래 start1.py에서 실행을 시작합니다.

ch07₩start1.py

```
1        # start1.py
2        from myPkg.action2 import *
3        playhobby('홍길동')
```

[실행결과]
홍길동이 수영을 합니다.

2: playhobby( ) 함수는 myPkg 패키지 안의 action2.py 모듈 안에 있으므로 from 패키지
   명.모듈명 import * 로 작성합니다.

3: 위와 같은 형태로 import 했다면 함수명()을 써서 호출합니다.

start2.py 모듈을 아래처럼 작성할 수도 있습니다.

ch07₩start2.py

```
1        # start2.py
2        import myPkg.action2
3        myPkg.action2.playhobby('홍길동')
```

[실행결과]
홍길동이 수영을 합니다.

2: playhobby( ) 함수는 myPkg 패키지 안의 action2.py 모듈 안에 있으므로 import 패키
   지명.모듈명으로 작성합니다.

3: 위와 같은 형태로 import 했다면 호출할 때 패키지명.모듈명.함수명()의 형태로 호출합
   니다.

위 예제의 호출 과정을 그림으로 그려보면 아래와 같습니다.

7.3 내장 모듈

파이썬에는 자주 사용하는 변수나 함수 등을 모듈, 패키지로 미리 만들어놓은 것이 있는데 이것을 라이브러리라고 합니다. 라이브러리에는 표준 라이브러리와 외부 라이브러리가 있습니다.

표준 라이브러리 : 파이썬 설치 시 기본으로 설치되는 라이브러리, 별도의 import 없이도 사용 가능

외부 라이브러리 : import를 해서 가져올 수 있는 라이브러리

표준 라이브러리는 6장 내장함수에서 공부했습니다. 여기서는 외부 라이브러리에 대해서 알아보겠습니다.

실습파일 ch07₩Ex01.py

```
1       import os
2       print(os.getcwd( ))
3       os.chdir('C:\\imsi ')
4       print(os.getcwd( ))
5       os.chdir('C:\Python_Study\ch07')
6       print('os.listdir( ):',os.listdir( ))

[실행결과]
C:\Python_Study\ch07
C:\imsi
os.listdir( ): ['.project', '.pydevproject', '.settings', 'calc', 'Ex01.py', 'Ex02.py', 'Ex03.
py', 'Ex04.py', 'Ex05.py', 'Ex06.py', 'Ex07.py', 'hobby', 'main1.py', 'main2.py', 'module01.
py', 'module02.py', 'module03.py', 'module04.py', 'module11.py', 'module12.py', 'module21.
py', 'module22.py', 'module31.py', 'module32.py', 'myPkg', 'start1.py', 'start2.py']
```

1: os 모듈은 운영체제를 제어할 수 있는 모듈입니다. 이 모듈 안의 함수는 일반적인 내장 함수처럼 사용하면 안되고 import os해서 os모듈을 현재 프로그램으로 불러들여서 사용해야 합니다.

2: os.getcwd( ) 함수는 현재 작업중인 폴더의 위치를 리턴하는 함수입니다.

3: os.chdir( ) 함수는 현재 작업중인 폴더의 위치를 ( )안에 써놓은 위치로 변경하라는 함수입니다. '₩'는 1개를 사용해도 되고 2개를 사용해도 됩니다.

4: 현재 작업중인 폴더의 위치가 변경 되었는지 확인해봅니다.

5: 다시 작업중인 폴더의 위치를 변경합니다.

6: os.listdir( ) 함수는 현재 폴더 안의 내용(폴더,파일)을 표시하는 함수입니다.

실습파일 ch07₩Ex02.py

```
1        import sys
2        print(sys.path)
3        print('sys.version:',sys.version)
4        sys.exit()
5        print('###')
```

```
[실행결과]
['C:\\Python_Study\\ch07', 'C:\\Python_Study\\ch07', 'C:\\Python38\\DLLs', 'C:\\Python38\\
lib', 'C:\\Python38', 'C:\\Python38\\lib\\site-packages', 'C:\\Python38\\lib\\site-packag-
es\\win32', 'C:\\Python38\\lib\\site-packages\\win32\\lib', 'C:\\Python38\\lib\\site-packag-
es\\Pythonwin', 'C:\\Python38\\python38.zip']
sys.version: 3.8.2 (tags/v3.8.2:7b3ab59, Feb 25 2020, 23:03:10) [MSC v.1916 64 bit (AMD64)]
```

2: 여러가지 모듈은 .py의 형태로 존재합니다. sys.path를 출력한 결과로 여러 폴더가 있
   는데 이들 중의 한곳에 .py 모듈을 넣어두면 어디서든 사용할 수 있습니다. 위에서 사
   용한 os.py도 위의 폴더 중 한곳에 있습니다.

3: 파이썬 버전을 확인할 수 있습니다.

4: 프로그램을 종료할 때 사용하는 함수입니다. 4행의 exit()를 실행하면 그 다음 행부터
   는 실행이 되지 않습니다.

수학과 관련된 여러 변수와 함수는 math 모듈에 있습니다.

실습파일 ch07₩Ex03.py

```
1        import math
2
3        print(math.pi)
4        print(math.ceil(2.1))
5        print(math.floor(2.7))
6
7        num = math.factorial(5)
8        print('num:',num)
```

```
[실행결과]
3.141592653589793
3
2
num: 120
```

3: math 모듈 안의 pi변수안에 담긴 파이 값을 출력합니다.

4: math의 ceil은 소수 아래 0보다 큰 숫자가 있으면 1의 자리를 무조건 올림 하는 함수입

니다. ( )안의 인자가 2.1로 소수 아래 숫자가 5이상이 아니지만 무조건 올림해서 정수 자리가 하나 올라갑니다. Math.ceil(2.0)은 2로 나옵니다.

5: math의 floor는 정수 형태로 가져오는 함수입니다. ( )안의 인자가 2.7로 소수 아래 숫자가 7이상이지만 무조건 버림 해서 정수 까지만 출력합니다.

7: factorial(5)는 5*4*3*2*1의 결과를 리턴하는 math 모듈의 함수입니다.

외부 모듈을 가져올 때에는 아래처럼 import 할 수도 있습니다.

실습파일 ch07₩Ex04.py

```
1        from math import sqrt,factorial
2
3        print('sqrt(16):',sqrt(16)) # 4.0
4
5        num2 = factorial(3)
6        print('num2:',num2)
7
8        from math import factorial as f
9        num3 = f(5) / f(3) # 120/6
10       print('num3:',num3)

[실행결과]
sqrt(16): 4.0
num2: 6
num3: 20.0
```

1: from 모듈명 import 사용할 함수로 작성하면 모듈 안의 지정된 함수만 사용할 수 있습니다.

3: 1행과 같이 import하면 모듈명 생략하고 함수명( )만 써서 함수를 호출할 수 있습니다. sqrt()는 ( )안의 인자의 제곱근을 리턴하는 함수입니다.

5: 함수명( )만 써서 factorial() 함수를 호출합니다.

8: from 모듈명 import 사용할 함수 as 별칭의 형식으로 import 할 수 있습니다.

9: 모듈명 생략하고 함수명( ) 으로만 호출이 가능한데 factorial()의 별칭을 f라고 지정했으니 f(5)는 factorial(5)를 말합니다.

날짜와 시간 관련된 함수는 time모듈에 있습니다.

```
1       import time
2       t = time.time()
3       print('t:',t)
4       tl = time.localtime(t)
5       print('tl:',tl)
6       at = time.asctime(tl)
7       print('at:',at)
8
9       sft = time.strftime('%Y %B %d일 %H시 %M분',tl)
10      print('sft:',sft) # sft: 2021 February 19일 11시 36분

[실행결과]
t: 1613713293.5820153
tl: time.struct_time(tm_year=2021, tm_mon=2, tm_mday=19, tm_hour=14, tm_min=41, tm_sec=33, tm_
wday=4, tm_yday=50, tm_isdst=0)
at: Fri Feb 19 14:41:33 2021
sft: 2021 February 19일 14시 41분
```

1: time 모듈을 import합니다.

2: time모듈의 time() 함수를 호출합니다. 1970년 1월 1일 0시 0분 0초부터 지금까지 흘러온 시간을 초 단위로 리턴하는 함수입니다.

4: time.localtime() 함수는 time() 함수에서 리턴 한 값을 날짜와 시간의 형태로 리턴합니다. tm_wday에는 요일값이 들어옵니다. 월:0,화:1,수:2,목:3,금:4,토:5,일:6이고 2021년 2월19일은 금요일:4입니다.

6: time.localtime(t) 함수가 리턴하는 튜플 형태의 데이터를 받아서 보기 좋은 형태로 날짜와 시간을 표현하는 함수입니다.

9: strftime()의 형식: time.strftime('출력할 형식', time.localtime(time.time()))

날짜와 시간 정보를 사용해서 원하는 형식으로 출력할 수 있습니다. 각 형식은 아래와 같습니다.

포맷	설명	결과값
%a	요일 3자리	Sun
%A	요일 Fullname	Sunday
%b	월 3자리	Jan
%B	월 Fullname	January
%c	날짜, 시간, 요일 출력	Fri Feb 19 15:38:14 2021
%Y	연도	2021
%m	월	01~12
%d	일	01~31
%H	시간	00~23
%I (대문자 아이)	시간	01~12
%M	분	01~59
%S	초	00~59
%p	오전 or 오후	AM or PM

```
1    import calendar
2    print(calendar.calendar(2021))
3    print('---')
4    calendar.prmonth(2021,3)
5    # print(calendar.prmonth(2021,3))
6    print('---')
7    print(calendar.weekday(2021,2,19))
8
9    def getWeekday( ):
10       wd = calendar.weekday(2021,2,19)
11       weekday = ['월','화','수','목','금','토','일']
12       return weekday[wd]
13
14   now = getWeekday( )
15   print('오늘은 ',now,'요일 입니다.')
```

[실행결과]

```
2021

          January                     February                    March
Mo Tu We Th Fr Sa Su       Mo Tu We Th Fr Sa Su       Mo Tu We Th Fr Sa Su
             1  2  3        1  2  3  4  5  6  7        1  2  3  4  5  6  7
 4  5  6  7  8  9 10        8  9 10 11 12 13 14        8  9 10 11 12 13 14
11 12 13 14 15 16 17       15 16 17 18 19 20 21       15 16 17 18 19 20 21
18 19 20 21 22 23 24       22 23 24 25 26 27 28       22 23 24 25 26 27 28
25 26 27 28 29 30 31                                 29 30 31

           April                        May                       June
Mo Tu We Th Fr Sa Su       Mo Tu We Th Fr Sa Su       Mo Tu We Th Fr Sa Su
          1  2  3  4                      1  2           1  2  3  4  5  6
 5  6  7  8  9 10 11        3  4  5  6  7  8  9        7  8  9 10 11 12 13
12 13 14 15 16 17 18       10 11 12 13 14 15 16       14 15 16 17 18 19 20
19 20 21 22 23 24 25       17 18 19 20 21 22 23       21 22 23 24 25 26 27
26 27 28 29 30             24 25 26 27 28 29 30       28 29 30
                          31

           July                       August                    September
Mo Tu We Th Fr Sa Su       Mo Tu We Th Fr Sa Su       Mo Tu We Th Fr Sa Su
          1  2  3  4                         1           1  2  3  4  5
 5  6  7  8  9 10 11        2  3  4  5  6  7  8        6  7  8  9 10 11 12
12 13 14 15 16 17 18        9 10 11 12 13 14 15       13 14 15 16 17 18 19
19 20 21 22 23 24 25       16 17 18 19 20 21 22       20 21 22 23 24 25 26
26 27 28 29 30 31          23 24 25 26 27 28 29       27 28 29 30
                          30 31

          October                    November                    December
Mo Tu We Th Fr Sa Su       Mo Tu We Th Fr Sa Su       Mo Tu We Th Fr Sa Su
             1  2  3        1  2  3  4  5  6  7           1  2  3  4  5
 4  5  6  7  8  9 10        8  9 10 11 12 13 14        6  7  8  9 10 11 12
11 12 13 14 15 16 17       15 16 17 18 19 20 21       13 14 15 16 17 18 19
18 19 20 21 22 23 24       22 23 24 25 26 27 28       20 21 22 23 24 25 26
25 26 27 28 29 30 31       29 30                      27 28 29 30 31
---
       March 2021
Mo Tu We Th Fr Sa Su
 1  2  3  4  5  6  7
 8  9 10 11 12 13 14
15 16 17 18 19 20 21
22 23 24 25 26 27 28
29 30 31
---
4
오늘은  금 요일 입니다.
```

2: ()안의 연도의 달력을 보여주는 calendar 모듈의 calendar()함수입니다.

4: prmonth는 ()안의 연도, 월의 달력을 보여주는 함수입니다.

5: calendar.prmonth()는 리턴 값이 없으므로 print()안에 넣으면 None이 출력됩니다.

7: weekday( )함수는 ( )안의 해당 연, 월, 일에 해당하는 요일을 숫자로 리턴합니다. 숫자는 월:0, 화:1, 수:2, 목:3, 금:4, 토:5, 일:6입니다. 2021년 2월19일은 금요일이어서 4를 리턴합니다.

9: 요일을 숫자가 아닌 요일 명으로 리턴하는 함수의 정의입니다.

14: getWeekday() 함수 호출입니다. 9행으로 이동합니다.

10: 2021년 2월 19일의 요일을 구합니다. 이 날은 금요일이므로 wd에 4가 들어옵니다.

11: weekday 리스트를 만듭니다.

12: weekday 리스트의 4번째 위치인 '금'을 리턴해서 14행의 now변수에 넣습니다.

날짜와 시간 정보를 가져오는 함수는 datetime 모듈에도 있습니다. datetime 모듈 안의 date클래스의 함수를 사용합니다.

실습파일   ch07₩Ex07.py

```
1       import datetime
2       today = datetime.date.today( )
3       print('today:',today)
4
5       from datetime import date
6       today2 = date.today( )
7       print('today2:',today2)
8       print(today2.year)
9       print(today2.month)
10      print(today2.day)
11      print(today2.weekday( ))

[실행결과]
today: 2021-02-19
today2: 2021-02-19
2021
2
19
4
```

1: datetime 모듈을 import합니다.

2: datetime 모듈 안에 date클래스가 갖고 있는 today() 함수는 오늘 날짜를 리턴하는 기능을 갖고 있습니다. 클래스는 속성과 기능을 갖고 있는 프로그램 묶음입니다. 클래스는 뒤에서 자세히 설명하겠습니다.

5: datetime 모듈의 date 클래스를 사용하겠다고 import합니다.

6: 5행처럼 from을 써서 import하면 date.today( ) 형태로 호출해서 오늘 날짜를 가져옵니다.

8~11: today2 변수 안의 오늘날짜에서 year, month, day 변수와 weekday( ) 함수를 사용
해서 연도, 월, 일, 요일을 가져옵니다.

임의의 어떤 수를 발생시키고 싶을 때 사용하는 모듈은 random 모듈입니다.

실습파일   ch07₩Ex08.py

```
1       import random
2       r1 = random.random( )
3       print('r1:',r1)
4       r2 = random.randint(3,7)
5       print('r2:',r2)
6
7       print("r3:",random.randrange(0, 10, 2))
8       print("r4:",random.choice([10, 20, 30, 40, 50]))
9
10      print(random.choice(['apple', 'pear', 'banana']))
11      print(random.choice('orange'))
12
13      print("r5:",random.sample(range(1, 5),1))
14      print("r6:",random.sample(range(1, 30), 6))
15
16      numlist = [1,2,3,4,5,6,7,8,9]
17      sp1 = random.sample(numlist, 3)
18      print('sp1:',sp1)
19
20      fruits = ('사과', '귤', '포도', '배') # [] 이것도 가능
21      sp2 = random.sample(fruits, 2)
22      print('sp2:',sp2)

[실행결과]
r1: 0.9627851756686877
r2: 3
r3: 0
r4: 10
pear
o
r5: [1]
r6: [24, 25, 13, 4, 7, 10]
sp1: [6, 2, 5]
sp2: ['포도', '귤']
```

1: random 모듈의 random( ) 함수는 0.0보다는 크거나 같고 1.0보다는 작은 실수 난수를
발생시킵니다. 모든 난수는 실행할 때마다 다른 난수가 발생됩니다.(0.0<= x <1.0)

4: random 모듈의 randint(인자1,인자2) 함수는 첫번째 인자와 두번째 인자 사이의 정수 난수를 발생시킵니다. (인자1<= x <=인자2)

7: randrange( ) 함수는 randrange(인자1, 인자2, 인자3) 형식을 가집니다.
  randrange(0,10,2)는 0부터 10보다 작은 9까지 2씩 건너뛰면서 0, 2, 4, 6, 8의 수 중 1개를 리턴합니다.

8: choice( ) 함수는 ( )안의 리스트에서 1개를 리턴합니다.

11: choice( ) 함수는 문자열에서 1개를 리턴합니다.

13: range(1, 5)로 1~4를 범위로 잡고 sample(범위,개수)로 범위에서 개수 만큼을 리턴합니다.

14: range(1, 30)으로 1~29를 범위로 잡고 그 범위에서 6개를 리턴합니다.

17: sample( ) 함수는 numlist에서 3개를 리턴합니다.

21: fruits에서 2개를 리턴합니다. fruits는 ( )도 되고 []도 됩니다.

점수를 입력 받는 함수와 입력한 점수의 합계, 평균 구하는 함수를 sungjuk 패키지에 scoreprocess.py 모듈로 만들어 놓고 또 다른 모듈에서 scoreprocess.py의 함수를 호출해서 합계를 출력하고 평균은 소수점 아래 3번째 자리에서 반올림해서 소수점 아래 2자리까지 출력하는 코드를 작성하세요.

[실행결과]

점수를 입력하세요

국어점수:77

영어점수:46

수학점수:65

hap: 188

avg: 62.67

본문 마지막 예제의 englishstudy( ) 함수를 호출해보세요.

[실행결과]

홍길동이 영어공부를 합니다.

1~45사이의 정수 난수 6개를 발생시켜 lotto 리스트에 넣습니다. 사용자가 1~45사이의 정수 6개를 중복되지 않게 입력 받아 my 리스트에 넣습니다. lotto 리스트와 my리스트를 비교해서 몇 개가 일치하는지 출력하고 6개 일치하면 1등, 5개 2등, 4개 3등, 그 밖의 개수가 일치하면 '꽝'을 출력하는 코드를 작성하세요.

```
[실행결과]
*** 로또 맞추기 ***
lotto: [3, 42, 18, 13, 20, 21]
lotto_sort: [3, 13, 18, 20, 21, 42]
입력 : 12
입력 : 12
숫자가 중복됩니다.
입력 : 32
입력 : 4
입력 : 20
입력 : 73
1~45사이의 숫자만 입력하세요
입력 : 42
입력 : 32
숫자가 중복됩니다.
입력 : 7
my: ['12', '32', '4', '20', '42', '7']
my: [12, 32, 4, 20, 42, 7]
lotto: [3, 13, 18, 20, 21, 42]

결과
맞은 개수 :  2
꽝
```

QR

동영상강의 지금 바로 접속하기

## Chapter. 08

클래스

자동차는 종류별로 모양도 다르고 기능도 다르지만 자동차 한 대를 만들기 위해서 기본적이고 공통적으로 들어가는 여러 부품과 기능이 있습니다.

기본적이고 공통적인 자동차를 하나 설계해 놓으면 이 설계도를 바탕으로 조금씩 추가해서 다른 자동차를 쉽게 만들 수 있습니다.

이 기본설계도가 클래스입니다. 이번장에서는 클래스에 대해 알아보겠습니다.

우리가 즐겨먹은 간식으로 붕어빵이 있습니다. 붕어빵을 만들어 낼 수 있는 자동화된 붕어빵 기계가 있다고 생각해봅시다. 자동화된 붕어빵 기계에는 밀가루 반죽을 넣는 기능, 팥을 넣는 기능, 굽는 기능이 있습니다. 자동화된 붕어빵 기계는 이 기능들을 이용해서 붕어빵을 만들어냅니다. 붕어빵 기계가 있으면 붕어빵을 계속 만들어 낼 수 있습니다. 클래스는 붕어빵 기계와 같이 무언가를 만들어 낼 수 있는 틀과 같습니다. 붕어빵 기계에 여러 기능이 들어갈 수 있는 것처럼 클래스에도 여러 기능이 들어갈 수 있습니다. 붕어빵 기계로 만들어낸 붕어빵은 실제 존재하는 실물로 이것은 객체와 같은 개념입니다. 붕어빵 기계로 붕어빵을 여러 개 만들어 내듯이 클래스로 여러 객체를 만들어낼 수 있습니다. 클래스는 무언가를 만들어 낼 수 있는 틀이고 클래스로 실제 존재하는 객체를 만들어 낼 수 있습니다.

8.1 객체 지향 프로그래밍

프로그래밍 방식에는 절차 지향 프로그래밍과 객체 지향 프로그래밍이 있습니다.

절차 지향 프로그래밍((Procedural Programming)

위에서 아래로 물 흐르듯이 Top-Down 방식으로 처리합니다. 특정 기능을 처리하는 함수를 만들고 그 함수를 호출해서 처리합니다.

장점
- 실행속도가 빠릅니다.

단점
- 유지보수가 어렵습니다.
- 코드의 순서가 바뀌면 같은 결과가 나오지 않을 수도 있습니다.
- 프로그램 분석이 쉽지 않고 큰 규모의 프로젝트에는 적합하지 않습니다.

객체 지향 프로그래밍(Obejct Oriented Programming)

처리하려는 데이터와 기능, 절차를 한 묶음의 클래스라는 것으로 만들어 처리하는 방식입니다. 객체 지향 프로그래밍에는 상속, 재사용성, 캡슐화, 다형성의 개념이 있습니다.

특징
- 상속: 이미 정의된 클래스의 모든 것을 다른 클래스가 물려받아 사용할 수 있습니다.

- 재사용성: 상속을 통해 프로그램 코드의 재사용을 높일 수 있습니다.
- 캡슐화: 데이터와 기능(함수)을 하나의 캡슐 형태로 만들어 외부에서 직접 접근하지 못하고 함수를 통해서 접근할 수 있습니다.
- 다형성: 하나의 객체를 여러 다른 형태로 재구성할 수 있습니다.

장점

- 유지보수가 절차 지향 프로그래밍 방식보다 쉽습니다.
- 코드를 재사용할 수 있습니다.
- 큰 규모의 프로젝트에 적합합니다.

단점

- 개발 속도가 느립니다.
- 실행 속도가 느립니다.

8.2 클래스

클래스란 변수와 기능(함수)을 하나로 묶어 놓은 것을 말합니다. 어떤 한 사람의 은행 계좌가 있을 때 계좌에는 입금된 금액이 있고 그 계좌에 입금하는 기능, 출금하는 기능이 있습니다. 입금된 금액은 변수에 담고 각 기능은 함수로 만들어 변수와 함수를 하나로 묶어서 사용할 수 있습니다. 함수가 많으면 그 함수를 찾기도 사용하기도 힘든데 이렇게 관련 있는 기능을 하나로 묶어서 사용하면 쉽게 함수에 접근할 수 있습니다.

하나의 계좌에 어떤 변수와 함수를 넣을까 설계하는 것이 클래스고 그 클래스를 바탕으로 실제 계좌를 만든 것을 객체라고 합니다.

붕어빵 기계에는 무엇을 넣고 어떤 기능을 추가할까를 설계하는 것이 클래스고 그 기계를 이용해서 실제 붕어빵을 만든 것을 객체라고 합니다. 클래스는 무엇인가를 만들어내기 위한 설계도고 그 설계도를 바탕으로 만든 것이 객체입니다.

객체는 인스턴스라고도 합니다. 객체는 클래스 타입으로 선언된 것을 말하고 인스턴스는 객체가 메모리에 할당되어 실제 사용될 때 인스턴스라고 하는데 관계 위주로 얘기할 때 인스턴스를 사용합니다. 붕어빵은 객체 라고도 하고, 붕어빵은 붕어빵 기계의 인스턴스라고도 합니다.

클래스 작성 형식은 아래와 같습니다.

```
[형식]
class 클래스명 :
        변수
        함수( )
```

객체를 생성하는 형식은 아래와 같습니다.

```
[형식]
객체명 = 클래스명( )
```

```
1       def func( ):
2           print('func( ) 함수입니다.')
3
4       class Person :
5           def say_hello(self):
6               print('안녕하세요')
7               print('id(self):',id(self))
8               print('self.name:',self.name)
9               print('----------------')
10
11      p1 = Person( )
12      p2 = Person( )
13      print(id(p1))
14      print(id(p2))
15      p1.name = 'kim'
16      p2.name = 'park'
17      print('p1.name:',p1.name)
18      print('p2.name:',p2.name)
19      func( )
20      p1.say_hello( )
21      p2.say_hello( )
```

```
[실행결과]
1962662068080
1962693219040
p1.name: kim
p2.name: park
func( ) 함수입니다.
안녕하세요
id(self): 1962662068080
self.name: kim
----------------
안녕하세요
id(self): 1962693219040
self.name: park
----------------
```

1: 일반 함수 func( ) 정의 부분입니다. 이 일반 함수를 호출할 때에는 19행처럼 함수이름만 쓰면 됩니다.

4: Person 클래스 정의부분입니다. 클래스안에는 변수와 함수가 들어갈 수 있는데 들여쓰기 해서 작성합니다.

5: 클래스안의 함수를 멤버함수라고 합니다. Person 클래스의 say_hello( ) 함수는 멤버함수입니다. 클래스의 멤버함수는 인자를 받을 수 있는 매개변수가 최소 1개 있어야 합니다. 여기서는 self라는 이름의 매개변수를 씁니다. 이 self 매개변수는 say_hello( ) 함수를 호출하는 클래스의 인스턴스를 나타내는 변수입니다.

11: Person( )은 Person 클래스로 객체를 만들겠다는 뜻입니다. 그러면 메모리에 Person 클래스 공간이 생깁니다. Person 클래스 객체를 만들고 객체의 이름을 p1으로 만듭니다. 객체를 생성하면 변수와 함수는 스택이라는 메모리 공간에 저장됩니다. 메모리 공간의 주소는 p1이라는 변수에 들어오면서 p1변수로 Person객체 공간을 관리합니다. p1에 들어오는 값은 메모리의 주소이고 아래 그림과 같습니다.

12: Person 클래스로 또 다른 객체를 생성합니다. 이번에는 11행에서 생성된 Person 클래스 공간 말고 다른 곳에 Person 클래스 객체 공간이 생깁니다. Person 클래스 객체를 만들고 객체의 이름을 p2로 만듭니다. P2에 들어오는 값은 메모리의 주소이고 아래 그림과 같습니다.

13~14: id( ) 함수는 id(객체) 형태로 작성합니다. id( ) 함수의 인자로 들어온 객체의 고유한 주소값을 리턴하는 함수입니다. id함수는 객체가 위치한 메모리의 주소를 리턴합니다. 이 주소는 실행할 때마다 다른 값이 리턴됩니다(형식 : id(객체)). p1과 p2의 고유한 주소 값은 아래 그림과 같습니다.

15~16: 각각 p1주소 안의 name에 'kim'을 넣고, p2주소 안의 name에 'park'을 넣습니다.

19: 일반함수 func( )를 호출할 때에는 이렇게 작성합니다.

20: p1객체안의 say_hello( )를 호출할 때에는 객체명.멤버함수명( )의 형태를 사용해서 p1.say_hello( )로 호출합니다. 호출할 때에는 ( )안에 아무것도 안 넣었는데 정의된 5행에서는 self라는 이름의 변수를 작성했습니다. 멤버함수의 첫번째 매개변수 자리에는 이 함수를 부르는 주체 즉, p1의 정보가 넘어갑니다. 그래서 7행에서 id(self)를 출력해보면 13행의 id(p1)과 똑같은 값이 출력됩니다.

21: p2객체안의 say_hello( )를 호출할 때에는 20행과 마찬가지입니다. 호출할 때에는 ( )안에 아무것도 안 넣었는데 정의된 5행에서는 self라는 이름의 변수를 작성했습니다. 멤버함수의 첫번째 매개변수 자리에는 이 함수를 부르는 주체 즉, p2의 정보가 넘어갑니다. 그래서 7행에서 id(self)를 출력해보면 14행의 id(p2)와 똑같은 값이 출력됩니다. say_hello( ) 함수는 하나만 작성했지만 p1객체안에도 있고 p2객체 안에도 이 함수가 있어서

마치 2개가 있는 것과 같은 효과를 낼 수가 있습니다. say_hello( )안에서 출력하는 self. name은 p1.say_hello( )로 호출했으면 p1의 name이 출력되고, p2.say_hello( )로 호출했으면 p2.name이 출력됩니다.

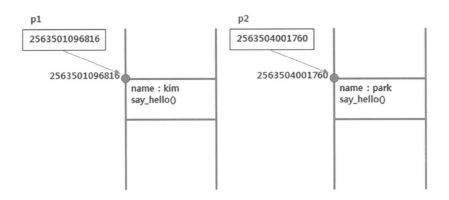

책 한권의 정보를 표현하려면 여러 데이터가 필요합니다. 책제목, 저자, 출판사, 출간일, 가격 등 여러가지가 있지만 이번에는 책제목과 저자명만으로 책 한권의 정보를 표현해 보기로 하겠습니다.

실습파일 ch08₩Ex02.py

```
1     class Book :
2
3         def book_info_input(self,writer):
4             self.author = writer
5
6         def book_info_print(self):
7             print(self.title+"/"+self.author)
8
9     b1 = Book( )
10    b2 = Book( )
11    b1.title = "메밀꽃 필 무렵"
12    b2.title = "마지막 잎새"
13    print('b1.title:',b1.title)
14    print('b2.title:',b2.title)
15    b1.book_info_input('이효석')
16    b2.book_info_input('오헨리')
17    b1.book_info_print( )
18    b2.book_info_print( )

[실행결과]
b1.title: 메밀꽃 필 무렵
b2.title: 마지막 잎새
메밀꽃 필 무렵/이효석
마지막 잎새/오헨리
```

1: Book 클래스를 정의하면서 저자를 입력할 수 있는 book_info_input( )함수와 제목과 저

자를 출력할 수 있는 book_info_print( )함수를 멤버함수로 정의했습니다.

9: Book 클래스 객체를 만들고 객체명을 b1으로 설정했습니다.

10: Book 클래스 객체를 만들고 객체명을 b2로 설정했습니다.

11~12: b1과 b2의 메모리 주소는 다르고 그 각각의 공간에 title이 각각 생깁니다. 각각의 title변수에 문자열을 넣어줍니다.

15~16: 각각의 객체가 갖고 있는 book_info_input( ) 함수를 호출하면서 저자 문자열을 넘깁니다. 매개변수 writer가 넘어오는 문자열을 받아서 각각의 객체 공간에 있는 author 변수에 넣어줍니다. b1.book_info_input( ) 함수를 호출하면 b1이 갖고 있는 주소가 함수의 첫번째 매개변수인 self에 들어가고 15행에서 넘기는 '이효석'이 book_info_input( )함수의 두번째 매개변수 writer에 들어갑니다. 4행에서 writer에 들어간 '이효석'을 self.author에 즉, b1 주소 공간안의 author에 넣어줍니다.

17: b1.book_info_print( )를 호출할 때 별도로 넘기는 인자는 없지만 b1이 갖고 있는 공간의 주소가 넘어가므로 6행에서는 넘어오는 b1객체를 받기 위해 self 매개변수를 하나 사용했습니다. 클래스의 멤버함수를 호출할 때 넘어가는 인자의 개수보다 함수 정의된 부분에 하나 더 많은 변수를 준비해 둬야 객체 정보를 받을 수 있고, 넘어간 객체 정보를 이용해서 어느 메모리 안의 변수에 접근할지를 정할 수 있습니다. 아래의 그림은 위 프로그램의 메모리 구조를 그린 것입니다.

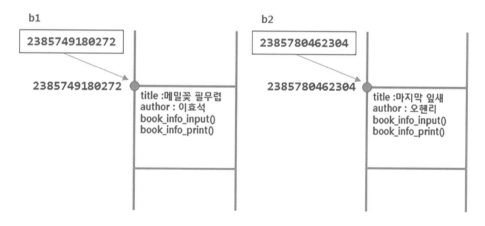

b1의 정보는 self로 넘어가고 이효석의 정보는 writer변수에 담긴후 멤버변수인 b1의 author에 담깁니다.

생성자

정의된 함수를 호출할 때 일반적인 함수는 함수명()의 형태로 호출하고 클래스안의 멤버
함수는 객체.함수명()으로 호출합니다. 그런데 함수를 명시적으로 호출하지 않아도 호출
되는 멤버함수가 있는데 그 함수를 생성자라고 합니다. 생성자는 객체가 생성될 때 자동으
로 호출되고 생성자 함수의 이름은 __init__(self)로 정해져 있습니다. 밑줄(_)은 2개씩 작
성해야 합니다. 생성자는 객체를 만들면 가장 먼저 자동으로 호출되는 함수이므로 일반적
으로 객체안의 변수 초기화하는 용도로 사용됩니다.

아래의 예제를 보겠습니다.

> **실습파일** ch08₩Ex03.py

```
1     class Person :
2         def __init__(self):
3             print('__init__')
4
5         def say_hello(self):
6             print('안녕하세요')
7
8     p1 = Person()
9     p1.say_hello()
10    p2 = Person()
11    p2.say_hello()

[실행결과]
__init__
안녕하세요
__init__
안녕하세요
```

1: Person 클래스를 정의합니다. Person 클래스 안에 2개의 멤버함수가 있습니다.

2: __init__(self) 함수를 정의합니다.

3: say_hello(self) 함수를 정의합니다.

8: p1으로 관리하는 Person 클래스 객체를 생성합니다. 이때 __init__(self) 생성자 함수가
   호출됩니다. __init__(self)의 self에는 생성된 Person 클래스 객체 공간의 주소가 들어갑
   니다.

9: say_hello()는 이렇게 명시적으로 호출해야 정의된 부분을 실행할 수 있습니다.

10: p2로 관리하는 Person 클래스 객체를 생성합니다. 이 때 __init__(self) 생성자 함수가
   또 호출됩니다. __init__(self)의 self에는 두번째 생성된 Person 클래스 객체 공간의 주
   소가 들어갑니다.

11: say_hello( )는 생성자와 달리 이렇게 명시적으로 호출해야 정의된 부분을 실행할 수 있습니다.

클래스안의 멤버함수는 객체.함수명( )의 형태로 명시적으로 호출하지만 __init__(self)는 객체를 생성할 때 자동으로 호출됩니다.
객체를 생성할 때 ( )안에 인자를 넣을 수도 있습니다. 아래의 예제를 보겠습니다.

실습파일   ch08₩Ex04.py

```
1     class Rectangle :
2         def __init__(self,width,height):
3             print('__init__')
4             print(id(self))
5             self.width = width
6             self.height = height
7
8         def calculate(self):
9             result = self.width * self.height
10            return result
11    rec1 = Rectangle(10,20)
12    rec1 = Rectangle(10,20)
13    result1 = rec1.calculate( )
14    print('result1:', result1)
15
16    rec2 = Rectangle(5,7)
17    result2 = rec2.calculate( )
18    print('result2:', result2)
```

[실행결과]
__init__
1594467581808
result1: 200
__init__
1594498928704
result2: 35ㅈ

1: Rectangle 클래스를 정의합니다.
2: __init__( ) 함수를 정의합니다.
8: calculate( ) 함수를 정의합니다.
12: Rectangle 클래스 rec1객체를 생성하면서 자동으로 2행의 __init__( ) 생성자가 호출됩니다. __init__의 self에는 rec1객체가 갖고 있는 주소 정보가 들어갑니다. width에는 객체 생성시 ( )안에 작성한 10이 들어가고, height에는 20이 순서대로 들어갑니다. 5행에서 rec1객체안의 width변수에 10을, 6행에서 rec1객체안의 height변수에 20을 넣어줍니다.

179

13: rec1객체 안의 calculate()함수를 호출하면서 8행으로 올라갑니다.

9: 생성자에서 초기화된 rec1객체안의 width와 height변수를 곱셈 연산해서 10행에서 리턴합니다. 리턴된 값을 13행의 result1에 넣고 14행에서 출력합니다.

16: Rectangle 클래스 rec2객체를 생성하면서 자동으로 2행의 _init_() 생성자가 호출됩니다. _init_의 self에는 rec2객체가 갖고있는 주소 정보가 들어가고 width에는 객체 생성시 ()안에 작성한 5가 들어가고, height에는 7이 순서대로 들어갑니다. 5행에서 rec2객체안의 width변수에 10을, 6행에서 rec2객체안의 height변수에 20을 넣어줍니다.

17: rec2객체 안의 calculate()함수를 호출하면서 8행으로 올라갑니다.

9: 생성자에서 초기화된 rec2객체안의 width와 height변수를 곱셈 연산해서 10행에서 리턴합니다. 리턴된 값을 result2에 넣고 18행에서 출력합니다.

매개변수와 멤버변수가 생성되는 공간은 다릅니다. 매개변수 width와 height에 들어온 값이 멤버변수 width와 height에 들어갑니다.

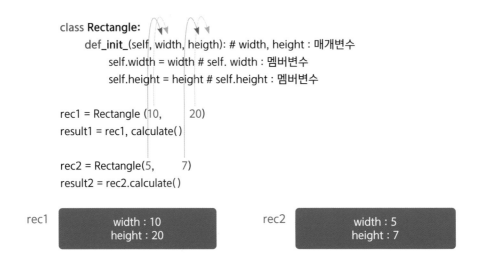

8.3 상속

클래스에는 상속이라는 개념이 있습니다. 상속은 물려받는 것이라고 볼 수 있습니다. 클래스 안에 변수와 함수를 만들어 놓고 다른 클래스에서 미리 만들어 놓은 클래스를 물려받아 사용할 수 있습니다. 물려받아 사용함으로써 중복되는 코드를 줄일 수 있다는 장점이 있습니다. 물려주는 클래스는 부모클래스 또는 상위클래스라고 하고 물려받는 클래스는 자식클래스 또는 하위클래스라고 합니다. 형식은 아래와 같습니다.

```
[형식]
class 부모클래스 :
          변수
          함수
class 자식클래스(부모클래스) :
          변수
          함수
```

부모 클래스를 먼저 생성합니다. 자식 클래스를 생성할 때에는 ()안에 부모 클래스 이름을 적습니다. 그러면 부모클래스안의 변수와 함수가 자식클래스로 상속되어 자식클래스에서도 부모클래스의 변수와 함수를 사용할 수 있습니다.

학생 한 명의 정보를 표현하려면 이름, 나이, 학교명, 전공 등이 필요하고 회사원 한 명의 정보를 표현하려면 이름, 나이, 회사명, 부서명 등의 정보가 필요합니다. 이 두 경우를 보면 이름과 나이가 겹치고 있는데 이 중복되는 정보를 미리 하나의 클래스로 만들어 놓으면 다른 클래스에서 상속받아 중복을 줄일 수 있습니다.

실습파일 ch08WEx05.py

```
1     class Person:
2         def show(self):
3             print('Person의 show 함수입니다.')
4
5     class Student(Person):
6         pass
7
8     p = Person( )
9     p.show( )
10    s = Student( )
11    s.show( )

[실행결과]
Person의 show 함수입니다.
Person의 show 함수입니다.
```

1~3: Person 클래스에 show( ) 함수 정의합니다.

5: Student 클래스는 Person클래스를 상속받습니다. Student는 자식 클래스, Person 클래스는 부모 클래스가 됩니다.

6: 클래스에 변수나 함수를 정의할 것이 없으면 pass를 씁니다. Student클래스에는 정의된 함수가 없습니다.

8: Person 클래스의 p 객체를 생성합니다.

9: Person 클래스의 show( ) 함수를 호출해서 한 줄 출력합니다.

10: Student 클래스의 s객체를 생성합니다.

11: Student 클래스에는 show( ) 함수를 정의하지 않았지만 부모 클래스가 물려주는 함수를 사용할 수 있어서 s.show()를 하면 Person 클래스의 show( ) 함수를 호출해서 한 줄 출력합니다.

아래 예제에서는 Student에도 show( ) 함수를 정의했습니다.

실습파일 ch08₩Ex06.py

```
1        class Person:
2            def show(self):
3                print('Person의 show 함수입니다.')
4
5        class Student(Person):
6            def show(self):
7                print('Studnet의 show 함수입니다.')
8
9        p = Person( )
10       p.show( )
11       s = Student( )
12       s.show( )

[실행결과]
Person의 show 함수입니다.
Studnet의 show 함수입니다.
```

9: Person 클래스 p객체를 생성합니다.

10: Person 클래스의 show( ) 함수를 호출합니다.

11: Student 클래스 s객체를 생성합니다.

12: Student 클래스에 show가 있으므로 s.show( ) 하면 Student의 show( )함수가 호출됩니다. 자식 객체를 이용해서 함수를 호출할 때 자식 클래스에 함수가 있으면 자식 클래스의 함수가 호출되고, 자식클래스에 함수가 없으면 부모 클래스의 함수를 호출합니다. 반대로 부모 객체로 함수를 호출하는데 부모 클래스에 함수가 없다고 자식의 함수를 호출해서 사용하지는 않습니다. p.show( )를 호출하는데 Person 클래스에 show( )가 없다고 Student의 show( )를 호출해서 사용하지는 않습니다.

다음 예제에서는 Person 클래스에 생성자를 추가했습니다.

```
1    class Person:
2        def __init__(self):
3            print('Person 생성자')
4
5        def show(self):
6            print('show 함수입니다.')
7
8    class Student(Person):
9        pass
10
11   p = Person( )
12   p.show( )
13   s = Student( )
14   s.show( )
```

[실행결과]
Person 생성자
show 함수입니다.
Person 생성자
show 함수입니다.

2: Person 클래스에 생성자를 추가했습니다.

11: Person 객체를 생성하면 Person의 생성자로 넘어가서 3행을 출력합니다.

13: Student 객체를 생성하면 Student 생성자로 넘어가는데 Student 클래스에서는 생성
자를 작성하지 않았으므로 부모인 Person 생성자로 넘어가서 실행합니다.

아래 예제에서는 Student에도 생성자를 추가했습니다.

```
1    class Person:
2        def __init__(self):
3            print('Person 생성자')
4
5        def show(self):
6            print( 'show 함수입니다.')
7
8    class Student(Person):
9        def __init__(self):
10           print('Student 생성자')
11
12   p = Person( )
13   p.show( )
14   s = Student( )
15   s.show( )
```

[실행결과]
Person 생성자
show 함수입니다.
Student 생성자
show 함수입니다.

12: Person 객체를 생성하면 Person의 생성자로 가서 실행합니다.

14: Student 객체를 생성하면 Student의 생성자가 있어서 Student의 생성자로 넘어가서
　　실행합니다.

자식 클래스에서 부모 생성자를 호출할 수 있습니다. 자식클래스에 정의된 생성자가 있으
면 그것을 사용하고 없으면 부모 생성자를 사용합니다.

자식 생성자에서 부모 생성자를 호출하는 아래 예제를 보겠습니다.

실습파일 ch08₩Ex09.py

```
1    class Person:
2        def __init__(self):
3            print('Person 생성자')
4
5    class Student(Person):
6        def __init__(self):
7            super().__init__()
8            print('Student 생성자')
9
10   p = Person()
11   print('--------------')
12   s = Student()

[실행결과]
Person 생성자
--------------
Person 생성자
Student 생성자
```

12: Student 클래스의 s객체가 생성되면서 6행 생성자로 넘어갑니다.

7: super는 부모 클래스인 Person 클래스를 지칭하는 용어입니다. 7행에서 부모 클래스의
　　생성자를 호출하면서 2행~3행이 실행됩니다. 7행은 Person.__init__(self) 이줄로 대신
　　할 수 있습니다. Person.__init__(self)에서는 ( )안에 self를 반드시 쓰고 7행의 __init__(
　　)안에는 self를 쓰면 에러 발생합니다.

생성자로 인자를 넘길 수 있습니다. 다음 예제를 보겠습니다.

```
1       class Person:
2           def __init__(self,name):
3               print('Person 생성자')
4               self.name = name
5               print(self.name)
6
7       class Student(Person):
8           def __init__(self,name):
9               super().__init__(name)
10              print('Student 생성자')
11              print(self.name)
12
13      p = Person('철수')
14      print('--------------')
15      s = Student('영희')
```

```
[실행결과]
Person 생성자
철수
--------------
Person 생성자
영희
Student 생성자
영희
```

13: Person 클래스 p객체를 생성하면서 Person 생성자로 넘어갑니다. 생성자로 넘어가면
서 13행의 '철수'가 2행의 name 매개변수로 들어갑니다.

4: 매개변수 name을 p객체안의 멤버변수 name에 넣어줍니다.

15: Student 클래스 s객체를 생성하면서 Student 생성자로 넘어갑니다. 생성자로 넘어가
면서 15행의 '영희'가 8행 생성자의 name 매개변수로 들어갑니다.

9: 8행의 name 매개변수에 담긴 '영희'를 가지고 부모 생성자인 2행으로 넘어갑니다. 4
행에서 s객체안의 name 멤버변수에 '영희'를 넣어주고 부모 생성자를 호출한 9행으로
돌아오고 그 아래 행을 실행합니다.

11: self.name은 s객체안의 name변수를 말합니다. 그래서 '영희'가 출력됩니다.

다음은 상속 구조와 같은 클래스를 만들어 보겠습니다. 학생 한 명의 정보를 표현하려면
이름, 나이, 학교명, 전공 등이 필요하고 회사원 한 명의 정보를 표현하려면 이름, 나이, 회
사명, 부서명 등의 정보가 필요합니다. 이 두 경우를 보면 이름과 나이가 중복되고 있는데
이 중복되는 정보를 미리 하나의 클래스로 만들어 놓으면 다른 클래스에서 상속받아 중복
을 줄일 수 있습니다.

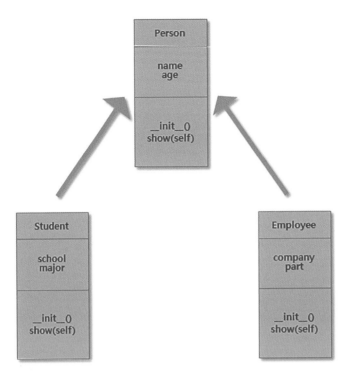

```
1    class Person:
2        def __init__(self,name,age):
3            self.name = name
4            self.age = age
5        def show(self):
6            print('name:',self.name)
7            print('age:',self.age)
8
9    class Student(Person):
10       def __init__(self,name,age,school,major):
11           Person.__init__(self,name,age)
12           self.school = school
13           self.major = major
14       def show(self):
15           print('name:',self.name)
16           print('age:',self.age)
17           print('school:',self.school)
18           print('major:',self.major)
19
20   class Employee(Person):
21       def __init__(self,name,age,company,part):
22           Person.__init__(self,name,age)
23           self.company = company
24           self.part = part
25       def show(self):
```

```
26                print('name:',self.name)
27                print('age:',self.age)
28                print('company:',self.company)
29                print('part:',self.part)
30
31        p = Person('철수',20)
32        p.show()
33        print('-------------')
34        s = Student('영희',25,'한국대','컴퓨터공학과')
35        s.show()
36        print('-------------')
37        e = Employee('몽룡',30,'대한IT','개발부')
38        e.show()
```

[실행결과]
name: 철수
age: 20
----
name: 영희
age: 25
school: 한국대
major: 컴퓨터공학과

31: Person 클래스 p객체를 생성하면서 '철수'와 20을 2행의 매개변수 name과 age에 넣습니다.

3~4: 매개변수 name과 age의 값을 p객체의 멤버변수 name과 age에 넣습니다.

32: p객체의 show() 함수를 호출하므로 5행의 show함수가 실행됩니다.

34: Student 클래스 s객체를 생성하면서 '영희',25,'한국대','컴퓨터공학과' 4개의 인자를 가지고 10행으로 가서 매개변수 name,age,school,major에 넘어온 인자를 순서대로 넣습니다.

11: Student의 부모 클래스인 Person의 생성자 즉, 2행을 호출하면서 부모가 이미 갖고 있는 멤버변수 name과 age에 넣을 값을 가지고 갑니다.

2: Student 생성자에서 넘어온 name과 age를 2행의 매개변수 name과 age에 넣습니다.

3~4: Student 객체 생성 후에 왔으니 self.name과 self.age는 s객체안의 멤버변수 name과 age가 됩니다. Student에는 name과 age가 없었지만 Person을 상속 받았으므로 이 2개의 변수가 존재하게 됩니다. 초기화가 끝나면 Person의 생성자를 호출한 11행으로 다시 돌아가고 그 다음 그 아래 행을 실행합니다.

12~13: 부모 클래스에서 생성하지 않은 변수 school과 major는 현재 School 클래스에서 초기화합니다. Student의 생성자가 끝났으므로 Student 생성자를 호출한 34행으로 돌아가고 그 아래 행을 실행합니다.

35: s객체의 show() 함수 호출해서 14행의 show함수가 실행됩니다. Student 클래스는 Person 클래스에게 상속받은 show() 함수도 있지만 자기 클래스에서 생성한 show()

함수가 있으면 그 함수를 사용합니다. 15행과 16행 출력은 부모클래스의 show( ) 함수를 상속받았으니까 상속받은 show( )를 호출해서 사용할 수 있습니다. 그래서 15행과 16행 두줄 대신 super( ).show( ) 이 한 줄을 쓰면 부모의 show( )를 호출해서 5행의 show( )를 실행하고 실행이 다 끝나면 super( ).show( )로 돌아와서 그 아래 행을 실행하게 됩니다.

37: Employee 클래스 e객체를 생성하면서 '몽룡',30,'대한IT','개발부' 4개의 인자를 가지고 21행으로 가서 매개변수 name,age,company,part에 넘어온 인자를 순서대로 넣습니다.

22: Employee의 부모 클래스인 Person의 생성자 즉, 2행을 호출하면서 부모가 이미 갖고 있는 멤버변수 name과 age에 넣을 값을 가지고 갑니다.

2: Employee 생성자에서 넘어온 name과 age를 2행의 매개변수 name과 age에 넣습니다.

3~4: Employee 객체 생성 후에 왔으니 self.name과 self.age는 e객체안의 멤버변수 name과 age가 됩니다. Employee에는 name과 age가 없었지만 Person을 상속받아서 Employee에도 name과 age 이 2개의 변수가 존재하게 됩니다. 초기화가 끝나면 Person의 생성자를 호출한 22행으로 다시 돌아가고 그 아래 행을 실행합니다.

23~24: 부모 클래스에서 생성하지 않은 변수 company와 part는 현재 Employee 클래스에서 초기화합니다. Employee의 생성자가 끝났으므로 Employee 생성자를 호출한 37행으로 돌아가고 그 아래 행을 실행합니다.

38: e.show( ) 호출해서 25행을 실행하게 되고 26행~27행 두 줄은 부모의 show( )에서 이미 정의해 놓았으니 super( ).show( )로 대신할 수 있습니다.

다중 상속

하나의 클래스가 2개 이상의 클래스를 상속받는 것을 다중 상속 이라고 합니다.

아래 예제는 Father클래스와 Mother 클래스를 상속받는 Child 클래스의 형태입니다.

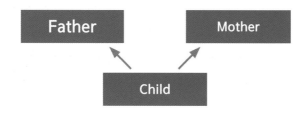

```
[형식]
class 부모클래스1 :
        변수
        함수
class 부모클래스2 :
        변수
        함수
class 자식클래스(부모클래스1, 부모클래스2) :
        변수
        함수
```

실습파일 ch08₩Ex12.py

```
1       class Father:
2           def __init__(self):
3               print("Father 생성자")
4
5       class Mother:
6           def __init__(self):
7               print("Mother 생성자")
8
9       class Child(Father, Mother):
10          def __init__(self):
11              print("Child 생성자")
12
13      c1 = Child()

[실행결과]
Child 생성자
```

9: Child 클래스가 Father, Mother 클래스를 상속받습니다.

13: Child 클래스 c1객체를 만들면서 Child 클래스의 생성자 10행으로 가서 11행을 실행합니다.

아래 예제는 위의 예제에서 Child 클래스의 생성자를 생략한 예제입니다.

실습파일 ch08₩Ex13.py

```
1       class Father :
2           def __init__(self):
3               print("Father 생성자")
4
5       class Mother :
6           def __init__(self):
7               print("Mother 생성자")
8
```

```
9       class Child(Father, Mother) :
10          pass
11
12      c1 = Child( )

[실행결과]
Father 생성자
```

12: Child 클래스 c1객체를 만들면서 Child 클래스의 생성자로 가야하는데 Child 클래스
    에는 생성자가 없으므로 부모 생성자로 갑니다. 부모는 Father와 Mother 클래스 2개
    인데 9행에서 ( ) 안에 부모클래스 Father를 먼저 작성 했으므로 Father 생성자로 갑니
    다. 9행을 class Child(Mother, Father)로 했으면 Mother 생성자로 갑니다.

실습파일 ch08₩Ex14.py

```
1       class Father:
2           def __init__(self):
3               print("Father 생성자")
4           def func(self):
5               print("Father func( )")
6
7       class Mother:
8           def __init__(self):
9               print("Mother 생성자")
10          def func(self):
11              print("Mother func( )")
12          def func2(self):
13              print("Mother func2( )")
14
15      class Child1(Father, Mother):
16          def __init__(self):
17              print("Child1 생성자")
18          def childFunc(self):
19              print("Child1 childFunc")
20              Mother.func(self)
21
22      class Child2(Mother,Father):
23          def __init__(self):
24              print("Child2 생성자")
25          def childFunc(self):
26              print("Child2 childFunc")
27
28      c1 = Child1( )
29      c1.childFunc( )
30      c1.func( )
31      c1.func2( )
32      print('------------------')
33      c2 = Child2( )
34      c2.childFunc( )
35      c2.func( )
36      c2.func2( )
```

```
[실행결과]
Child1 생성자
Child1 childFunc
Mother func( )
Father func( )
Mother func2( )
-------------------
Child2 생성자
Child2 childFunc
Mother func( )
Mother func2( )
```

15: Child1 클래스는 Father, Mother의 순으로 상속받습니다.

22: Child2 클래스는 Mother, Father의 순으로 상속받습니다.

28: Child1 클래스 c1객체 생성합니다. 16행의 생성자가 실행됩니다.

29: Child1 클래스의 childFunc() 함수를 호출합니다. 18행~20행이 실행됩니다.

20: Mother 클래스의 func( ) 함수를 호출해서 10행~11행 실행됩니다. 10행~11행 실행이 끝나면 func( )를 호출한 20행으로 리턴합니다. 18행~20행의 실행이 다 끝났으니 childFunc()를 호출한 29행으로 리턴해서 그 다음 행 실행합니다.

30: c1객체의 func() 함수를 호출하는데 자신 클래스에는 func()가 없으므로 상속받은 함수를 봐야하는데 c1에는 Father의 func( )도 있고 Mother( )의 func( )도 있습니다. 그 중에서 15행에서 먼저 상속받는 Father의 func() 함수 4행을 호출합니다. 실행이 끝나면 호출한 곳으로 돌아갑니다.

31: c1객체의 func2( ) 함수는 자신 클래스에는 없고 부모인 Father와 Mother 중 Mother 클래스 안에 fuc2( ) 함수가 있으니까 12행이 실행됩니다.

33: Child2 클래스의 c2객체를 생성합니다.

35: c2객체의 func( ) 함수를 호출하는데 자신 클래스에는 func()가 없으므로 상속받은 함수를 봐야하는데 c2에는 Father의 func( )도 있고 Mother의 func( )도 있습니다. 그 중에서 22행에서 먼저 상속받는 Mother의 func() 함수 10행을 호출합니다. 실행이 끝나면 호출한 곳으로 돌아갑니다.

이렇게 하나의 클래스가 여러 클래스를 다중 상속 받을 수 있는데 어떤 클래스를 먼저 상속 받느냐에 따라 다른 결과가 나올 수 있습니다.

8.4 함수 오버라이딩(overriding)

함수 오버라이딩은 상속관계에서 부모가 자식에게 물려주는 함수가 있지만 자식이 부모가 물려주는 함수와 똑같은 이름의 함수를 재정의 한 것을 말합니다.

실습파일 ch08₩Ex15.py

```
1    class Person:
2        def show(self):
3            print('Person 기본 정보입니다.')
4
5    class Student(Person):
6        def show(self):
7            print('Studnet 정보입니다.')
8
9    p = Person()
10   p.show()
11   s = Student()
12   s.show()
```

```
[실행결과]
Person 기본 정보입니다.
Studnet 정보입니다.
```

11: Student 클래스 s객체를 생성합니다.

12: s객체안의 show() 함수를 호출합니다. s객체안에는 Student 클래스에서 만든 show() 도 있고 Person 클래스에서 물려준 show()도 있는데 자신이 만든 함수가 우선순위가 높으므로 Student안의 show()가 호출됩니다. 부모가 물려주는 함수와 다른 이름으로 함수를 만들 수도 있지만 상속받는 클래스가 많아지고 함수가 많아지면 복잡해질 수 있으므로 부모의 함수와 비슷한 처리를 할거라면 여러가지 다른 이름을 쓰는 것 보다 같은 이름을 써서 단순화하는게 좋습니다. 이렇게 부모클래스에서 물려주는 함수도 있지만 자식 클래스에서 부모의 함수와 같은 이름으로 새로운 내용으로 함수를 작성 하는 것을 함수 오버라이딩 했다 라고 합니다.

자식 클래스에서 부모 클래스 함수를 호출할 수도 있습니다. 다음 예제를 봅시다.

```
1        class Person:
2            def show(self):
3                print('Person 기본 정보입니다.')
4
5        class Student(Person):
6            def show(self):
7                super( ).show( )
8
9
10       p = Person( )
11       p.show( )
12       s = Student( )
13       s.show( )

[실행결과]
Person 기본 정보입니다.
Person 기본 정보입니다.
```

13: s객체로 show( )를 호출하니 6행으로 이동합니다.

7: super( ).show( )로 부모 클래스의 show( ) 함수에 접근합니다. 처음에는 s객체를 사용해서 자식 클래스의 show( )에 접근했지만 자식의 show( )에서 super( )를 써서 부모의 show( )에 접근할 수도 있습니다. 부모의 show( )에 접근할 때에는 7행의 코드 대신 Person.show(self)를 써서 접근할 수도 있습니다.

8.5 인스턴스 변수와 클래스 변수

클래스에 작성하는 변수에는 인스턴스 변수와 클래스 변수가 있습니다. 인스턴스 변수는 각각의 인스턴스마다 갖고있는 고유한 변수입니다. 인스턴스가 10개이면 인스턴스 변수도 10개가 생성됩니다. 각각의 인스턴스 변수에 접근할 때에는 self.인스턴스변수의 형태로 접근합니다. 클래스 변수는 여러 인스턴스에서 공유해서 사용하는 변수입니다. 인스턴스가 10개이면 10개의 인스턴스에서 하나의 클래스 변수를 서로 공유해서 사용할 수 있습니다. 클래스 변수에 접근할 때에는 클래스명.클래스변수의 형태로 접근합니다.

```
[형식]
class 클래스명 :
        클래스변수 = 값
        def 함수명(self, 매개변수) :
        self.인스턴스변수= 매개변수

print(self.인스턴스변수)
print(클래스명.클래스변수)
print(객체.클래스변수)
```

```
1        class Man :
2            address = '서울'
3            def __init__(self,name):
4                self.name = name
5
6        m1 = Man('철수')
7        m2 = Man('영수')
8        print(m1.name)
9        print(m2.name)
10       print(m1.address)
11       print(m2.address)
12       print(Man.address)

[실행결과]
철수
영수
서울
서울
서울
```

2: 클래스 변수 address 초기화 부분입니다. 클래스안에서 함수 밖에 작성하는 변수는 클래스 변수입니다.

4: 인스턴스 변수 name 초기화 부분입니다.

6~7: Man 클래스의 m1객체안에 name변수가 있고, m2객체안에 name변수가 있습니다. 두 변수는 이름만 같지 생성되는 위치가 다릅니다.

10~11: m1객체와 m2객체가 공유해서 사용하는 address 클래스 변수에 각각의 객체로 접근할 수 있습니다.

12: 클래스 변수에는 클래스이름으로 접근할 수 있습니다.

인스턴스 변수는 반드시 인스턴스를 생성해야 인스턴스 변수가 생성됩니다. 그래서 6~7행과 8~9행의 위치를 바꾸면 에러가 발생합니다. 클래스 변수는 클래스 정의 시점에 메모리에 할당됩니다. 그래서 인스턴스 생성 전에도 사용할 수 있으므로 12행을 5행으로 옮겨서 실행해도 문제가 없습니다.

파이썬에는 네임스페이스라는 개념이 있습니다. 특정한 객체를 이름에 따라 구분할 수 있는 범위를 말하는데 같은 클래스로 만든 여러 인스턴스안에 같은 이름의 인스턴스 변수가 존재할 때 그 각각의 인스턴스 변수가 충돌없이 사용될 수 있는 것은 각각의 객체가 서로 다른 네임스페이스를 갖기 때문입니다. 모든 네임스페이스는 딕셔너리 형태로 구성됩니다.

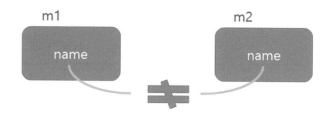

```
1        class Man:
2            address = '서울'
3            def __init__(self,name):
4                self.name = name
5
6        print(dir( ))
7        print(Man.__dict__)
8        m1 = Man('철수')
9        m2 = Man('영수')
10       print("m1.__dict__:",m1.__dict__)
11       print("m2.__dict__:",m2.__dict__)
12       print(m1.name)
13       print(m2.name)
14       m1.address='제주'
15       print("m1.__dict__:",m1.__dict__)
16       print("m2.__dict__:",m2.__dict__)
17       print(m1.address)
18       print(m2.address)
19       print(Man.address)
```

```
[실행결과]
['Man', '__annotations__', '__builtins__', '__cached__', '__doc__', '__file__', '__loader__',
'__name__', '__package__', '__spec__']
{'__module__': '__main__', 'address': '서울', '__init__': <function Man.__init__ at 0x000001F-
CFF07C4C0>, '__dict__': <attribute '__dict__' of 'Man' objects>, '__weakref__': <attribute '__
weakref__' of 'Man' objects>, '__doc__': None}
m1.__dict__: {'name': '철수'}
m2.__dict__: {'name': '영수'}
철수
영수
m1.__dict__: {'name': '철수', 'address': '제주'}
m2.__dict__: {'name': '영수'}
제주
서울
서울
```

1: 클래스가 정의되면 Man 클래스 네임스페이스가 정의됩니다. 그 네임스페이스에 address
변수와 _init_( ) 함수가 들어갑니다.

6: dir( ) 함수는 현재 파일에서 정의한 변수, 함수, 클래스 이름을 리스트 형태로 알려주는

함수입니다. _이 붙은 것은 별도의 import 없이 기본적으로 사용할 수 있는 변수들입니다. 맨 앞에서 Man 클래스가 정의된 것을 알려주고 있습니다.

7: Man 클래스의 네임스페이스에 들어있는 내용을 보고 싶을 때 클래스명._dict_를 사용합니다. 결과는 딕셔너리 형태로 나타납니다. address변수와 _init_() 함수, 그리고 기본 데이터가 들어있는 것을 확인할 수 있습니다.

8~9: Man 클래스의 m1, m2객체를 생성합니다. 각각의 인스턴스 네임스페이스에 name 변수가 생성됩니다.

10: m1로 만든 네임스페이스의 내용을 출력해보니 딕셔너리 형태로 출력됩니다.

11: m2로 만든 네임스페이스의 내용을 출력해보니 딕셔너리 형태로 출력됩니다.

14: m1객체의 인스턴스 네임스페이스에 address변수가 하나 생성되고 제주로 초기화됩니다.

15: m1객체의 인스턴스 네임스페이스는 이제 아래 그림과 같은 형태를 갖게 됩니다.

17: m1의 address에 접근하면 먼저 m1객체의 인스턴스 네임스페이스에서 address를 찾습니다. 그 공간에 존재하므로 '제주'를 출력합니다.

18: m2객체의 인스턴스 공간에는 address가 없습니다. 그럴 때에는 클래스 네임스페이스의 address에 접근합니다. 그래서 '서울'이 출력됩니다.

19: 클래스로 접근하므로 클래스 네임스페이스에서 address를 찾아 '서울'을 출력합니다. 클래스 네임스페이스에 없으면 에러가 발생합니다.

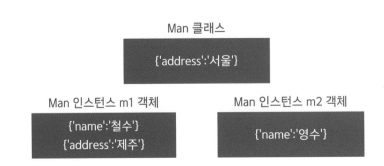

각각의 원금에 똑같은 이자율(0.2)을 적용해서 금액*이자율로 전체 금액을 계산하는 deposit 함수와 이름과 전체 금액을 출력하는 withdraw 함수를 가진 Account 클래스를 작성하세요.

```python
class Account :

 def __init__(self,owner,money):
     self.owner = owner
     self.money = money

  def deposit(self):
    pass

  def withdraw(self):
        pass

kim = Account('kim',1000)
park = Account('park',3000)

kim.deposit(300)
park.deposit(700)

kim.deposit(300)
park.deposit(700)

kim.withdraw( )
park.withdraw( )

[실행결과]
money: 1300
money: 3700
-------------
money: 1600
money: 4400
kim/1920.0
park/5280.0
```

연습 문제 ② 생성자로 2개의 숫자를 넘겨서 두 숫자의 덧셈(add함수), 뺄셈(sub함수), 곱셈(mul함수), 나눗셈(div함수)을 구하는 함수를 작성하고 연산된 결과를 리턴해서 각 연산의 결과를 아래와 같이 출력할 수 있는 Calculate 클래스를 작성하세요.

```
[실행결과]
더하기 : 19
빼기 : 9
곱하기 : 70
나누기 : 2
```

연습 문제 ③ 일반적인 자동차의 정보를 담을 수 있는 Car클래스가 있습니다. Car 클래스는 제조사와 바퀴 개수를 담을 수 있는 변수와 변수에 값을 초기화 할 수 있는 생성자와 변수값을 출력할 수 있는 함수가 있습니다. SportsCar도 자동차니까 일반적인 Car 클래스의 정보는 그대로 가져야 하고 오픈카라는 정보를 담을 수 있는 option 변수가 하나 더 필요합니다. Fire_Engine도 자동차니까 일반적인 Car 클래스 정보는 그대로 가져오고 사다리가 포함된다는 정보를 담을 수 있는 option 변수가 하나 더 필요합니다. 아래와 같은 구조의 클래스를 만들어 보세요.

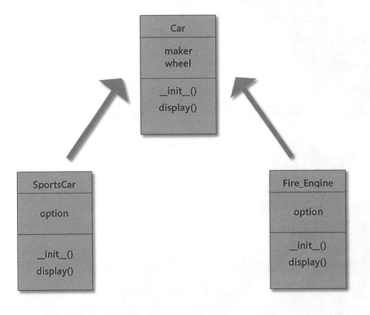

```
c = Car('GM',4)
s = SportsCar('포드',6,'open')
f = Fire_Engine('토요타',8,'사다리')
c.display()
print('------')
s.display()
print('------')
f.display()

[실행결과]
GM
4
------------
포드
6
open
------------
토요타
8
사다리
```

Chapter. 09

파일
입출력

처리할 데이터가 있으면 그 데이터를 실행할 때마다 매
번 키보드로 입력할 수도 있지만 화일로 작성해 놓고 화
일에서 읽어서 처리할 수 있습니다.

또는 프로그램의 실행결과도 콘솔창에서 일시적으로
보는 것이 아니라 화일로 저장해서 필요할 때마다 불러
와서 사용할 수도 있습니다.

이번 장에서는 파일 입출력에 대해 알아보겠습니다.

프로그램을 실행시키기 위해서는 키보드로 데이터를 입력하기도 합니다. 그러나 같은 프로그램을 실행하기 위해 매번 데이터를 입력 받아야 하는 일이 쉽지만은 않습니다. 키보드로 매번 입력 받지 않고 입력 데이터를 파일에 넣어두고 파일에서 데이터를 읽어 들이면 실행하기가 더 쉽습니다. 그동안 프로그램 실행 결과는 모두 콘솔창에 출력했습니다. 그런데 다른 프로그램을 실행하면 이전의 출력 결과가 콘솔창에서 사라지게 됩니다. 이 출력 결과도 파일로 저장을 해두면 매번 프로그램을 실행하지 않아도 결과를 계속 볼 수 있습니다. 이번 장에서는 파일에서 데이터를 읽어오고 파일에 데이터를 출력하는 방법에 대해서 알아보겠습니다.

9.1 파일 다루기

파이썬 코드로 파일 다루는 방법에 대해 알아보겠습니다. 아래와 같이 프로젝트를 생성하고 프로젝트안에 memo.txt 파일을 만든 후 아래의 내용을 작성합니다.

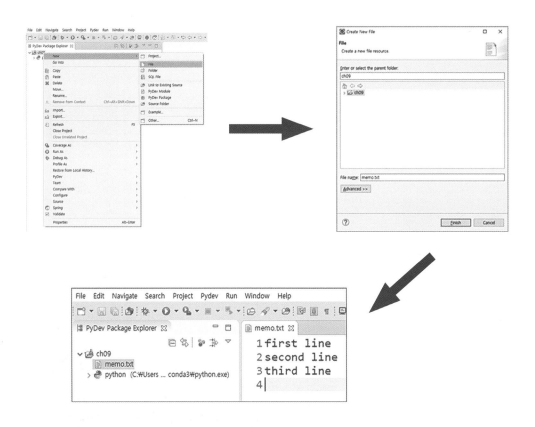

프로젝트에 imsi 폴더를 만든 후 abc.txt를 만듭니다.

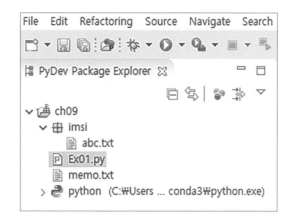

실습파일   ch09₩Ex01.py

```
1       import shutil
2       shutil.copyfile('memo.txt','memo_new.txt')
3       shutil.move('imsi', 'imsi2')
```

[실행결과]

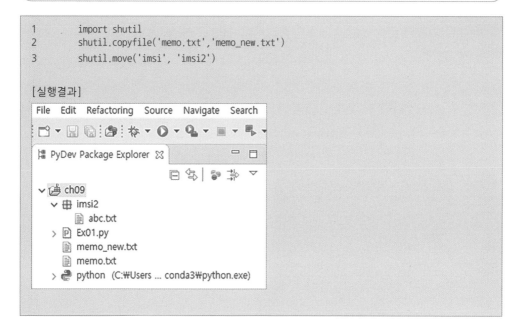

1: 파일을 다룰 수 있는 함수를 갖고 있는 shutil 모듈을 import 합니다.

2. copyfile(인자1, 인자2) 함수는 인자1 파일을 인자2 이름으로 복사하는 함수입니다.

3. move(인자1, 인자2) 함수는 인자1 폴더명을 인자2 폴더명으로 변경하는 함수입니다.

위의 프로그램 실행 후 ch09 프로젝트 명에서 새로 고침(F5)하면 memo_new.txt파일이 1개 더 생성되고 imsi 폴더 이름이 imsi2 폴더 이름으로 변경된 것을 확인할 수 있습니다.

```
1        import shutil
2        shutil.copytree('imsi2', 'imsi3')
```

[실행결과]

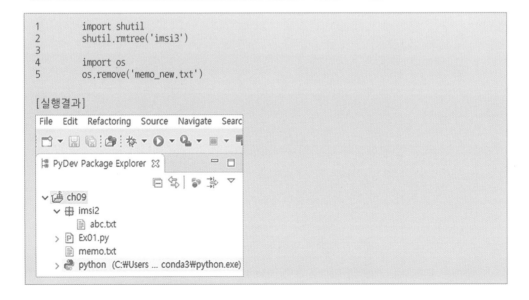

2: 폴더를 복사할 때에는 shutil 모듈의 copytree(인자1, 인자2) 함수를 사용합니다. 인자1
   폴더를 인자2 폴더이름으로 복사합니다.

실행한 후 ch09 프로젝트 명에서 새로 고침(F5)하면 imsi3 폴더가 하나 더 생긴 것을 확
인할 수 있습니다. 폴더 안의 파일도 그대로 복사가 됐습니다.

실습파일 ch09₩Ex03.py

```
1        import shutil
2        shutil.rmtree('imsi3')
3
4        import os
5        os.remove('memo_new.txt')
```

[실행결과]

2: rmtree( )함수는 ( )안의 폴더를 삭제하는 함수입니다.

4: os 모듈을 import 합니다.

5: 파일을 삭제할 때에는 os모듈의 remove( )함수를 사용합니다. ( )안의 파일을 삭제합니다.

9.2 파일에 쓰기

파일에 데이터를 쓰기 위해서는 파일을 open해야합니다. open( ) 함수를 사용해서 파일을 open할 수 있습니다.

```
[형식]
객체 = open(파일명,모드)
객체.close( )
```

실습파일   ch09₩Ex04.py

```
1        import os
2        print (os.getcwd( ))
3
4        f = open('write.txt', 'w')
5        f.write('apple\nbanana\norange')
6        f.close( )
```

[실행결과]
C:\Python_Study\ch09

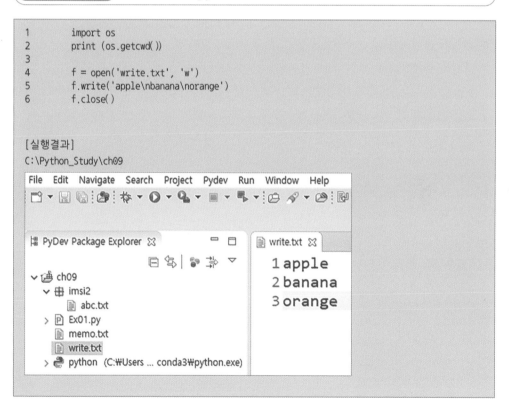

205

2: os.getcwd()함수는 현재 작업중인 폴더의 위치를 리턴하는 함수입니다.

4: open(파일명,모드) 함수는 파일명을 지정된 모드 용도로 open하는 함수입니다.

mode	설명
r	파일에서 데이터를 읽을 때 사용하는 mode, default mode
w	파일에 데이터를 쓸 때 사용하는 mode
a	파일에 데이터를 추가로 쓸 때 사용하는 mode

r mode : 파일을 미리 생성해 놓아야 합니다. 생성된 파일이 없으면 에러 발생합니다. 별
　　　　도로 모드를 설정하지 않으면 r mode가 기본값입니다.

w mode : 기존에 파일이 존재하지 않으면 새로 생성되고, 기존에 존재하는 파일이면 작
　　　　성되어 있던 내용은 모두 지워지고 새로 파일이 하나 생성됩니다.

a mode : 기존에 파일이 존재하지 않으면 새로 생성되고, 기존에 존재하는 파일이면 작성
　　　　되어 있던 내용의 맨 뒤에 추가로 작성이 됩니다.

2행에서 알아낸 현재 작업 폴더에 write.txt가 하나 생성됩니다. 이 파일은 f객체로 관리됩니다.

5: f객체가 관리하는 write.txt에 쓰고 싶을 때 write()함수를 사용합니다. ()안의 문자열이
　　파일에 출력됩니다.

6. close() 함수는 f객체가 관리하는 파일을 닫아주는 함수입니다. 이 코드가 없어도 프로
　　그램 종료할 때 열려있는 파일 객체가 자동으로 닫히기 때문에 생략 가능합니다. 하지
　　만 닫기 전에 열려있는 파일을 다시 open하면 문제가 발생할 수 있으므로 파일을 닫고
　　다시 여는게 안전합니다.

실행한 후 ch09 프로젝트 명에서 새로 고침(F5)하면 write.txt 파일이 하나 생긴 것을 확
인할 수 있습니다.

'a' 모드로 open해 보겠습니다.

실습파일　　ch09₩Ex05.py

```
1    f = open('write.txt', 'a')
2    f.write('grape\nstrawberry')
3    f.close()
```

1: write.txt를 'a' mode로 open하므로 기존의 write.txt에 추가됩니다.

실행한 후 ch09 프로젝트 명에서 새로 고침(F5)하면 write.txt 파일에 문자열이 추가된 것을 확인할 수 있습니다.

파일에 쓰기 작업을 반복해서 할 수도 있습니다. 아래 예제를 보겠습니다.

실습파일 ch09₩Ex06.py

```
1    for i in range(1, 11):
2        print(i)
3
4    f = open("c:\\data\\test.txt", 'w')
5    for i in range(1, 11):
6        f.write(str(i)+'\n')
7    f.close()
```

[실행결과]
```
1
2
3
4
5
6
7
8
9
10
```

1~2: 반복문 통해서 i변수에 1~10까지 넣고 콘솔창에 출력합니다.

4: test.txt 파일을 쓰기 위한 모드로 open합니다. text.txt 파일이 c:₩₩data폴더에 생성 됩니다. c드라이브에 data 폴더는 미리 생성해 놓아야 합니다.

5~6: 반복문 통해서 i변수에 1~10까지 넣고 f.write( ) 통해 text.txt파일에 1~10까지 출력 합니다. write( ) 함수 안에는 문자열 1개만 넣을 수 있습니다. 정수 i는 write( ) 함수 에 넣으면 TypeError가 발생합니다. 정수 i를 str( ) 함수 사용해서 문자열로 만들고 거기에 '₩n'을 연결해서 하나의 문자열로 만들어 10번 파일에 출력합니다.

실습파일 ch09₩Ex07.py

```
1    f = open('memo.txt','w')
2    person = ['홍길동','성춘향','이몽룡']
3    for per in person:
4        f.write(per+"\n")
5    f.close()
```

2: 리스트를 생성합니다.

3~4: 리스트를 반복해서 요소 하나씩 per변수에 넣고 per변수의 값을 파일에 출력합니다. 아래는 memo.txt의 내용입니다. 3행~4행 대신 f.writelines(person)을 사용할 수도 있습니다. write( ) 함수는 문자열을 출력할 때 사용하는 함수이고 writelines( ) 함수 는 리스트를 출력하는 함수입니다.

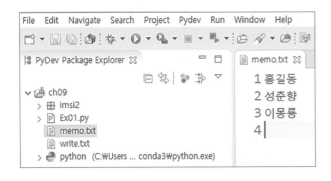

TIP

리스트를 파일에 출력 할 때에는 요소 하나 씩 반복해서 write( )로 출력하던가 writelines( )로 한번에 출력할 수 있습니다.

구구단을 출력해 보겠습니다.

실습파일 ch09₩Ex08.py

```
1    f = open('gugudan.txt', 'w')
2    for i in range(1, 10):
3        data = "3 * %d = %d\n" % (i, 3 * i)
4        f.write(data)
5    f.close()
```

1: gugudan.txt를 쓰기 위한 모드로 open합니다.

2~4: 1~9의 숫자를 i변수에 넣습니다. 3 * i = 3 * i ₩n 한 결과를 data변수에 넣고 파일에 출력합니다.

5: 파일을 close( ) 합니다. 아래는 gugudan.txt 파일의 내용입니다.

```
gugudan.txt ⊠
 1 3 * 1 =  3
 2 3 * 2 =  6
 3 3 * 3 =  9
 4 3 * 4 = 12
 5 3 * 5 = 15
 6 3 * 6 = 18
 7 3 * 7 = 21
 8 3 * 8 = 24
 9 3 * 9 = 27
10
```

9.3 파일에서 읽기

파일에서 데이터를 읽어 들일 때에도 open( )함수로 파일을 열어야 합니다. 읽어 들일 때에는 'r' mode를 사용하는데 모드를 별도로 작성하지 않으면 default 값인 'r' mode로 자동 설정됩니다.

파일의 내용을 읽어 들이는 함수로 readline( ) 함수가 있습니다.

실습파일　ch09₩Ex09.py

```
1        print('구구단 출력 시작')
2        f=open('gugudan.txt', 'r' )
3        line = f.readline( )
4        print(line)
5        f.close( )
6        print('구구단 출력 끝')

[실행결과]
구구단 출력 시작
3 * 1 = 3

구구단 출력 끝
```

2: gugudan.txt 파일을 읽기 위한 모드로 open합니다. 읽기 위한 모드로 open할 때에는 gugudan.txt 파일이 반드시 존재해야 합니다. 파일이 존재하지 않으면 FileNotFound-Error가 발생합니다. 기본값이 'r'이므로 'r'은 생략 가능합니다.

3: f로 관리하는 파일에서 한 줄 읽어 들이는 함수가 readline() 입니다. 한 줄의 끝에 있는 엔터까지 읽어 들입니다. 읽어 들인 한줄은 line변수에 넣습니다.

4: line변수에는 엔터가 들어있고 print() 함수 자체에도 엔터 출력하는 기능이 있으므로 4행에서는 엔터가 두 번 출력됩니다. 엔터를 한번만 출력하려면 print()함수 자체에 있는 엔터를 없애기 위해 print(line,end='') 로 작성하면 됩니다.

앞의 한 줄 읽어오는 작업을 반복해서 구구단 전체를 출력해 보겠습니다.

실습파일 ch09₩Ex10.py

```
1        print('구구단 출력 시작')
2        f=open('gugudan.txt')
3
4        while True:
5            line = f.readline()
6            if line == '' :
7                break
8            print(line,end='')
9        f.close()
10       print('구구단 출력 끝')

[실행결과]
구구단 출력 시작
3 * 1 = 3
3 * 2 = 6
3 * 3 = 9
3 * 4 = 12
3 * 5 = 15
3 * 6 = 18
3 * 7 = 21
3 * 8 = 24
3 * 9 = 27
구구단 출력 끝
```

2: gugudan.txt파일을 읽기 위한 모드로 open합니다. 'r'은 생략했습니다.

4: 한 줄씩 읽어 들이는 작업을 반복하기 위한 반복문 입니다. 조건은 True니까 무조건 5행으로 내려갑니다.

5~8: 한 줄씩 읽어서 line에 넣는 작업을 반복합니다. line변수의 문자열을 print() 함수의 엔터 기능을 제거하면서 한 줄씩 콘솔창에 출력합니다. 한 줄씩 읽어 들이면 언젠가 파일의 끝에 도착할 것이고 그 때 읽어 들인 문자열은 아무것도 없으므로 만약 line == '' 이면 while 반복문을 빠져나가도록 break를 작성합니다.

9: while문을 빠져나간 후 파일을 닫습니다.

파일의 내용을 읽어 들이는 함수로 readlines() 함수가 있습니다.

```
1       print('구구단 출력 시작2')
2       f = open('gugudan.txt')
3       lines = f.readlines()
4       print('lines:',lines)
5       print('type(lines):',type(lines))
6
7       for line in lines:
8           print(line,end='')
9       f.close()
10      print('구구단 출력 끝2')
```

```
[실행결과]
구구단 출력 시작2
lines: ['3 * 1 = 3\n', '3 * 2 = 6\n', '3 * 3 = 9\n', '3 * 4 = 12\n', '3 * 5 = 15\n', '3 * 6 =
18\n', '3 * 7 = 21\n', '3 * 8 = 24\n', '3 * 9 = 27\n']
type(lines): <class 'list'>
3 * 1 = 3
3 * 2 = 6
3 * 3 = 9
3 * 4 = 12
3 * 5 = 15
3 * 6 = 18
3 * 7 = 21
3 * 8 = 24
3 * 9 = 27
구구단 출력 끝2
```

2: gugudan.txt파일을 읽기 위한 모드로 open합니다.

3. readlines( ) 함수를 사용해서 gugudan.txt 파일 전체를 리스트 형태로 읽어 들여서 lines변수에 담습니다.

5: lines 변수의 타입을 출력해보면 list인 것을 확인할 수 있습니다.

7: lines 리스트를 반복해서 요소 하나씩 line에 넣습니다.

8: line변수의 끝에는 엔터가 포함되어 있어서 print( ) 함수에서는 print( ) 함수 자체에 들어있는 엔터를 end=''를 사용해서 출력하지 않습니다.

위의 코드는 아래처럼 변경할 수 있습니다.

```
1       print('구구단 출력 시작2')
2       f = open('gugudan.txt')
3
4       for line in f.readlines():
5           print(line,end='')
6       print('구구단 출력 끝2')
```

```
[실행결과]
구구단 출력 시작2
3 * 1 = 3
3 * 2 = 6
3 * 3 = 9
3 * 4 = 12
3 * 5 = 15
3 * 6 = 18
3 * 7 = 21
3 * 8 = 24
3 * 9 = 27
구구단 출력 끝2
```

4: for문에서 반복대상 자리에 f.readlines( )를 넣으면 gugudan.txt 전체를 읽어 들여서 반복하는 것과 같은데 f.readlines( )대신 f만 써도 결과는 같습니다.

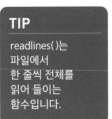

TIP

readlines( )는 파일에서 한 줄씩 전체를 읽어 들이는 함수입니다.

for line in f.readlines( ):

line

```
3 * 1 = 3
3 * 2 = 6
3 * 3 = 9
3 * 4 = 12
3 * 5 = 15
3 * 6 = 18
3 * 7 = 21
3 * 8 = 24
3 * 9 = 27
```

파일의 내용을 읽어 들이는 함수로 read( ) 함수가 있습니다.

실습파일 ch09₩Ex13.py

```
1    print('구구단 출력 시작3')
2    f=open('gugudan.txt', 'r' )
3    line = f.read( )
4    print(line)
5    print('type(line):',type(line))
6    for n in line:
7        print(n)
8    f.close( )
9    print('구구단 출력 끝3')
```

```
[실행결과]
구구단 출력 시작3
3 * 1 = 3
3 * 2 = 6
3 * 3 = 9
3 * 4 = 12
3 * 5 = 15
3 * 6 = 18
3 * 7 = 21
3 * 8 = 24
3 * 9 = 27

type(line): <class 'str'>
3

*

1

=

3
:
구구단 출력 끝3
```

3. read( ) 함수를 이용해서 전체 데이터를 읽어올 수 있습니다. line변수에는 gugudan.txt 파일 전체의 내용이 들어갑니다.

5: line변수의 타입은 str입니다.

6~7: 문자열을 반복하면 글자 하나 하나가 반복됩니다.

for n in f.read( ):

n

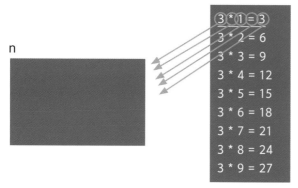

TIP

read( )는 파일에서 한 글자씩 전체를 읽어 들이는 함수입니다.

9.4 파일의 위치 지정하기

파일의 특정 위치에 접근할 수 있는 함수로 ftell()과 fseek() 함수가 있습니다.

ch09₩Ex14.py

```
1      f = open('hangul.txt', 'w')
2      f.write('Merry\n크리스마스')
3      f.close()
4
5      f = open('hangul.txt', 'r')
6      print(f.tell())
7
8      print(f.read(),"/")
9      print('----')
10     print(f.read(),"/")
11     print('------------')
12
13     print('f.tell()1:',f.tell())
14     f.seek(1) # 8은 에러
15
16     print('f.tell()2:',f.tell())
17     print('f.readline():',f.readline())
18
19     f.seek(7)
20     print('f.tell()3:',f.tell())
21     print('f.readlines():',f.readlines())
22     f.close()
[실행결과]
0
Merry
크리스마스 /
----
 /
------------
f.tell()1: 17
f.tell()2: 1
f.readline(): erry

f.tell()3: 7
f.readlines(): ['크리스마스']
```

1: hangul.txt 파일을 쓰기 위한 용도로 open합니다.

2: 파일에 문자열을 2줄 출력합니다.

3: 파일 close 합니다.

5: hangul.txt 파일을 읽기 위한 용도로 open합니다.

6: 파일을 열면 파일의 맨 앞에 파일포인터가 위치합니다. 파일포인터 위치에 데이터를 쓰고 파일포인터 위치에서 데이터를 읽어드립니다. tell() 함수는 현재 파일에서의 파일포인터 위치를 알아내는 함수입니다. 파일의 맨 앞은 위치가 0입니다.

8: read() 함수로 전체 데이터를 읽어 들이면서 파일 포인터의 위치가 하나씩 옆으로 이동합니다. 읽어 들인 내용을 출력하고 뒤에 '/'를 하나 붙입니다. 전체 읽어 들인 후 파일 포인터의 위치는 파일의 맨 끝이 됩니다.

10: 8행에서 전체 읽어 들인 후 파일 포인터의 위치가 맨 끝에 있는 상태에서 다시 read() 함수로 읽으려고 하니 읽을 데이터가 없어서 공백이 출력됩니다.

13: 현재 파일포인터의 위치는 17입니다. 숫자, 알파벳, 특수문자는 1자리 차지하고 한글은 2자리 차지합니다. (Merry:5+엔터:2+크리스마스:10)

14: 파일포인터의 위치를 1자리로 옮깁니다. 1위치에는 'e'가 있습니다.

16: 현재 파일 포인터의 위치는 1입니다.

17: 현재 파일 포인터 1위치에서 한줄(엔터포함) 읽어 들입니다.

19: 파일포인터를 7위치로 옮깁니다. 7위치에는 '크'가 있습니다. 한글은 2자리 차지하므로 f.seek(8)로 하면 한글 위치에 정확히 접근할 수 없어서 에러가 발생합니다.

21: 7위치에서부터 엔터까지 한 줄 읽어 들입니다.

22: 파일을 close 합니다.

아래 그림처럼 파일을 open하면 파일포인터가 파일의 맨 앞에 위치하고 한 칸씩 옆으로 이동하면서 파일 포인터 위치의 데이터를 읽어 들입니다.

파일 입출력을 할 때에는 특정 파일을 open하고 open된 파일에서 읽기 또는 쓰기 작업을 한 후 열린 파일을 close 합니다. 이런 파일 입출력 작업을 with 구문을 사용해서 할 수 있습니다.

```
[형식]
with open(파일명, 모드) as 변수(객체명):
    실행문
```

앞의 형식을 사용해서 파일명을 특정 mode 형태로 open하고 실행문을 실행한 후 with 구문을 빠져나가면 open된 파일이 자동으로 close됩니다.

실습파일 ch09₩Ex15.py

```
with open('write.txt','w') as fw :
    fw.write('Welcome to Python')
```

write.txt 파일을 쓰기 위한 용도로 open하고 fw 파일 객체를 만든 후 파일에 문자열 'Welcome to Python'을 출력합니다. 더 이상 파일에 출력할 일이 없으면 with구문을 빠져나가면서 열린 파일이 close됩니다. 위의 코드는 아래 코드와 같은 의미입니다.

실습파일 ch09₩Ex16.py

```
fw = open('write.txt','w')
fw.write('Welcome to Python')
fw.close()
```

연습 문제 ① sungjuk.txt파일을 읽어서 sungjuk_write.txt에 합계까지 출력하는 프로그램을 작성하세요.

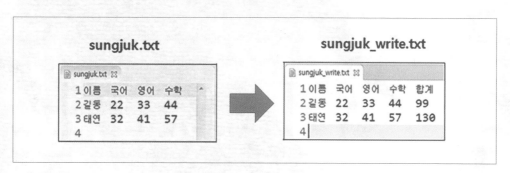

Chapter. **10**

예외처리

프로그램을 실행하다 보면 많은 에러가 발생할 수 있습니다. 프로그램 코드로 미연에 방지할 수 있는 이런 에러를 예외라고 하는데 적절한 예외처리를 하면 프로그램이 중간에 멈추지 않고 자연스럽게 처리될 수 있습니다. 이번 장에서는 예외처리에 대해 알아보겠습니다.

프로그램을 작성하다 보면 오류가 발생하기도 합니다. 오타에서부터, 잘못된 문법을 사용해서 발생하는 오류까지 여러 원인으로 오류가 발생합니다. 오류가 발생하면 발생된 시점이후의 코드는 실행이 안됩니다.

10.1 예외처리기법

예외란 실행 중에 발생하는 에러를 말합니다. 특정 시점에서 예외가 발생하면 그 예외와 관련된 클래스의 인스턴스가 만들어집니다. 이 인스턴스는 자동으로 생성될 수도 있고 개발자가 생성할 수도 있습니다. 이 예외를 처리하는 방법에 대해서 알아보겠습니다. 형식은 아래와 같습니다. try, except, else, finally 각각의 자리에서 실행할 부분은 모두 그 아랫줄을 들여쓰기 해야합니다. as 예외 변수 부분은 생략 가능합니다.

```
[형식]
try :
        예외가 발생할 가능성이 있는 문장
except 예외클래스명1 [as 예외 변수] :
        예외가 발생했을 때 실행할 문장
except 예외클래스명2 [as 예외 변수] :
        예외가 발생했을 때 실행할 문장
else :
        예외가 발생하지 않았을 때 실행할 문장
finally :
        예외 발생 여부에 상관없이 무조건 실행되는 문장
```

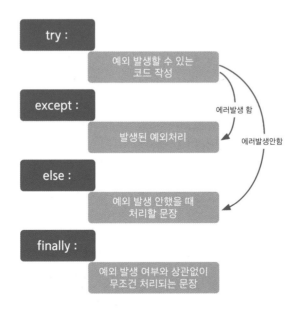

```
1        L = [1, 2, 3]
2        print(L[0])
3        print(L[4])
4        print(L[1])

[실행결과]
1
Traceback (most recent call last):
  File "C:\Python_Study\10_예외처리\test.py", line 9, in <module>
    print(L[4])
IndexError: list index out of range
```

1: 리스트 L을 생성합니다. 0번 위치부터 2번 위치까지 생성됩니다.

2: L[0] 위치의 1이 출력됩니다.

3: 리스트 L에 없는 4번째 위치에 접근하면 없는 위치에 접근했다는 IndexError가 발생됩니다. 위치번호(인덱스)가 범위를 벗어나면 IndexError가 발생됩니다. 3행에서 에러가 발생하면 그 이후의 행은 실행이 안됩니다.

위의 프로그램에 예외처리를 추가해 보겠습니다.

```
1        L = [1, 2, 3]
2
3        try:
4            print(L[0])
5            print(L[4])
6            print(L[1])
7
8        except IndexError as err:
9            print('IndexError:',err)
10           print('IndexError:', IndexError)

[실행결과]
1
IndexError: list index out of range
IndexError: <class 'IndexError'>
```

3~6: try~except 사이에 예외가 발생할 가능성이 있는 코드를 작성합니다.

4: L[0] 위치에 접근하면 1이 출력됩니다.

5: L[4] 위치에 접근하면 없는 인덱스 번호에 접근해서 IndexError라는 이름의 예외가 발생됩니다. 예외가발생하면 IndexError 클래스 인스턴스가 자동으로 만들어지는데 이

예외 인스턴스를 처리할 수 있는 except 클래스로 넘어갑니다. IndexError를 처리할 수 있는 except IndexError 8행으로 넘어갑니다.

8: as 옆의 변수에는 이 예외의 에러 메시지를 담을 수 있습니다.

9: err변수에는 예외 객체에 담긴 오류 정보가 들어갑니다. Index 범위를 넘었다는 메시지가 출력됩니다.

10: IndexError는 클래스다 라는 정보가 출력됩니다.

실습파일 ch10WEx03.py

```
1       L = [1, 2, 3]
2       x = 4
3       y = 0
4       try:
5           print(L[0])
6           z = x / y
7
8       except IndexError as err:
9           print('IndexError:',err)
10          print('IndexError:', IndexError)
11
12      except ZeroDivisionError as err:
13          print('ZeroDivisionError:',err)

[실행결과]
1
ZeroDivisionError: division by zero
```

4: 예외가 발생할 가능성이 있는 코드는 try~except 사이에 넣습니다.

5: L[0] 의 값 1이 출력됩니다.

6: 4/0 처럼 제수가 0이면 연산을 할 수가 없어서 예외가 발생합니다. 이 때 ZeroDivision Error 에러가 발생하면서 ZeroDivisionError 클래스 인스턴스가 생성됩니다. 예외 인스턴스가 생성되면 즉시 except의 관련 클래스가 있는 12행으로 넘어갑니다.

12: as 옆의 변수에는 이 예외의 에러 메시지를 담을 수 있습니다.

13: 0으로 나누는 예외가 발생했다는 에러 메시지가 출력됩니다.

만약 5행이 print(L[4]) 라면 IndexError가 발생하면서 즉시 8행으로 이동합니다. except IndexError 부분을 처리하고 프로그램이 종료됩니다. 8행부분을 처리하고 다시 돌아가서 6행을 처리하지 않습니다. try에 예외가 발생할 가능성이 있는 코드가 여러 줄 있어도 예외 처리는 하나만 됩니다.

```
1        L = [1, 2, 3]
2        x = 4
3        y = 0
4        try:
5            print(L[0])
6            z = x / y
7
8        except IndexError as err:
9            print('IndexError:',err)
10           print('IndexError:', IndexError)
11
12       except ZeroDivisionError as err:
13           print('ZeroDivisionError:',err)
14
15       except :
16           print('모든 에러 처리')
17       else :
18           print('예외가 없으면 실행이 됩니다')
19       finally:
20           print('finally')
```

[실행결과]
```
1
ZeroDivisionError: division by zero
finally
```

15: 예외가 발생하면 예외 클래스 인스턴스가 만들어지면서 관련된 except 클래스명으로 넘어가는데 15행처럼 클래스명 없이 except만 쓰면 모든 예외를 다 처리하겠다는 뜻입니다. try에서 IndexError가 발생하면 8행으로 가고, try에서 ZeroDivisionError가 발생하면 관련 클래스가 있는 12행으로 가지만 try에서 발생한 예외를 처리할 수 있는 except 클래스명을 따로 작성하지 않았다면 모든 예외를 처리할 수 있는 15행으로 갑니다. 만약 15행의 except를 모든 예외 처리의 가장 위에 작성한다면 즉, 15행의 except를 7행에 작성한다면 모든 예외를 처리하는 except는 맨 마지막에 적어야 한다고 에러가 발생합니다. 모든 예외를 처리하는 except : 는 가장 마지막에 작성해야 합니다.

17: try에서 어떤 예외도 발생하지 않았으면 else 아랫부분을 실행합니다.

19: 예외가 발생하든 안하든 finally 아랫부분은 무조건 실행됩니다.

```
1        print(int("123"))
2        print(int("abc"))

[실행결과]
123
Traceback (most recent call last):
  File "C:\Python_Study\10_예외처리\test.py", line 8, in <module>
    print(int("abc"))
ValueError: invalid literal for int() with base 10: 'abc'
```

1: int()는 숫자 형태의 문자열을 숫자로 변환하는 함수입니다. 문자열 "123"이 숫자 123으로 변환되어 출력됩니다.

2: 문자열 "abc"를 숫자로 변환할 수 없어서 ValueError가 발생합니다. 위의 예외를 처리해 보겠습니다.

```
1        try:
2            num1 = int(input("첫번째 숫자: "))
3            num2 = int(input("두번째 숫자: "))
4
5        except ValueError as err:
6            print('값이 적절하지 않습니다.', err)
7
8        else:
9            print("num1+num1 = ", num1+num1)

[실행결과]
첫번째 숫자: 11
두번째 숫자: 22
num1+num1 =  22

[실행결과]
첫번째 숫자: 11
두번째 숫자: aa
값이 적절하지 않습니다. invalid literal for int() with base 10: 'aa'

[실행결과]
첫번째 숫자: 11
두번째 숫자: 22.3
값이 적절하지 않습니다. invalid literal for int() with base 10: '22.3'
```

1~3: 2번 입력을 받아 정수로 변환해서 num1과 num2에 넣습니다. 문자열을 입력하거나 실수를 입력하면 정수로 변환할 수 없어서 ValueError가 발생됩니다. 그러면 ValueError 클래스 인스턴스가 생성되고 이 예외를 처리할 수 있는 except ValueError as err로

넘어옵니다.

6: err 변수에 들어있는 예외 메시지를 출력합니다.

8: 1~3행에서 입력한 값을 정수로 변환하는데 문제가 없으면 else로 넘어가서 입력한 두 값의 덧셈 연산 결과를 출력합니다.

> **실습파일** ch10₩Ex07.py

```
1        try:
2            f = open('test.txt', 'r')
3        except FileNotFoundError:
4            print('파일 발견 못함')
5        else:
6            print(f.read( ))
7            f.close( )

[실행결과]
Welcome to Python

[실행결과]
파일 발견 못함
```

2: test.txt를 현재 작업 폴더에 만들고 Welcome to Python 한 문장을 작성합니다. 파일이 존재하면 파일을 열고 그 파일을 관리하는 f 객체를 생성합니다. 파일이 존재하지 않으면 FileNotFoundError 클래스 객체가 생성되면서 3행으로 넘어갑니다.

5: 파일이 정상적으로 open되면 else로 와서 전체 파일을 읽고 출력합니다.

7: 열린 파일을 close( ) 합니다. 2행에서 open 실패했으면 f 객체로 관리하는 파일이 없으니까 7행을 실행하면 에러가 발생합니다. f.close( )는 파일 open 성공했을 때만 해야하므로 else: 아래에 들여쓰기 해서 작성해야 합니다.

10.2 예외 강제로 발생시키기

지금까지의 예외는 프로그램에 문제가 있으면 자동으로 예외가 발생되면서 예외 클래스 인스턴스를 생성했습니다. 그런데 필요한 경우에 개발자가 직접 예외를 발생시킬 수가 있습니다. 예외를 직접 발생시키는 방법은 아래와 같습니다.

```
[형식]
raise 예외명( ' 에러 메시지 ' )
```

```
1       try:
2           su1 = int(input('수1: '))
3           su2 = int(input('수2: '))
4           if su1 < 0 or su2 < 0:
5               raise ArithmeticError('1개 이상의 수가 음수입니다.')
6           else :
7               print('두 수 모두 양수 입력됨')
8               print('su1:su2=' , su1+su2)
9
10      except ArithmeticError as e:
11          print('예외 발생:', e)

[실행결과]
수1: 2
수2: 3
두 수 모두 양수 입력됨
su1:su2= 5

[실행결과]
수1: -2
수2: -4
예외 발생: 1개 이상의 수가 음수입니다.
```

2~3: 숫자 2개를 입력합니다.

4~5: 두 숫자 중 1개라도 음수이면 raise를 사용해서 강제로 ArithmeticError를 발생시킵니다. 강제로 ArithmeticError가 발생됐으니 10행의 except로 옵니다.

10: 5행에서 raise를 사용해서 강제로 예외를 발생시킬 때 ()안에 넣은 메시지가 10행의 e 변수로 들어옵니다.

음수를 입력하는 것이 예외는 아니지만 이렇게 개발자가 마음대로 원하는 조건에 따라 raise를 써서 강제로 예외를 발생시킬 수 있습니다.

아래와 같은 d사전이 있을 때 없는 키를 get( ) 함수를 이용해서 값을 가져오려고 하면 'None'이 발생되지만 5행에서 d[키]를 사용하면 에러가 발생합니다. 키를 입력 받고 없는 키를 입력했을 때의 예외처리하는 코드를 존재하는 키를 입력할 때까지 반복문 이용해서 작성하세요.

```
1       d = {'kim':20, 'park':30,'choi':40}
2       result = d.get('jung')
3       print(result)
4
5       result = d['jung']
6       print(result)
7
8       key = input('키 입력 : ')
```

[실행결과]
키 입력:jung
Error 발생
키 입력:hong
Error 발생
키 입력:park
30
프로그램을 종료합니다.

QR

동영상강의 지금 바로 접속하기

Project 02

콘솔창에서 입력한 데이터로 단어장 파일을 만들고 단어장에 데이터를 입력, 검색, 수정, 삭제, 출력하는 프로그램을 작성해봅시다.

[실행결과]

메뉴 선택(1:단어입력, 2:단어검색, 3:단어수정, 4:단어삭제, 5:단어출력, 6:종료) ≫ 5
단어/뜻
dog/강아지
cat/고양이

메뉴 선택(1:단어입력, 2:단어검색, 3:단어수정, 4:단어삭제, 5:단어출력, 6:종료) ≫ 1
단어 :pig
뜻:돼지

메뉴 선택(1:단어입력, 2:단어검색, 3:단어수정, 4:단어삭제, 5:단어출력, 6:종료) ≫ 5
단어/뜻
dog/강아지
cat/고양이
pig/돼지

메뉴 선택(1:단어입력, 2:단어검색, 3:단어수정, 4:단어삭제, 5:단어출력, 6:종료) ≫ 2
검색할 단어 :cAt
찾는 단어 없음

메뉴 선택(1:단어입력, 2:단어검색, 3:단어수정, 4:단어삭제, 5:단어출력, 6:종료) ≫ 2
검색할 단어 :cat
cat 의 뜻 : 고양이

메뉴 선택(1:단어입력, 2:단어검색, 3:단어수정, 4:단어삭제, 5:단어출력, 6:종료) ≫ 3
수정할 단어 입력 : Dog
수정할 단어 없음

메뉴 선택(1:단어입력, 2:단어검색, 3:단어수정, 4:단어삭제, 5:단어출력, 6:종료) ≫ 3
수정할 단어 입력 : dog
수정할 뜻 입력 : 개

메뉴 선택(1:단어입력, 2:단어검색, 3:단어수정, 4:단어삭제, 5:단어출력, 6:종료) ≫ 5
단어/뜻
dog/개
cat/고양이
pig/돼지

[실행결과]

메뉴 선택(1:단어입력, 2:단어검색, 3:단어수정, 4:단어삭제, 5:단어출력, 6:종료) >> 4
삭제할 단어 입력 : piG
삭제할 단어 없음

메뉴 선택(1:단어입력, 2:단어검색, 3:단어수정, 4:단어삭제, 5:단어출력, 6:종료) >> 4
삭제할 단어 입력 : pig

메뉴 선택(1:단어입력, 2:단어검색, 3:단어수정, 4:단어삭제, 5:단어출력, 6:종료) >> 5
단어/뜻
dog/개
cat/고양이

메뉴 선택(1:단어입력, 2:단어검색, 3:단어수정, 4:단어삭제, 5:단어출력, 6:종료) >> 7
1~6만 입력 가능

메뉴 선택(1:단어입력, 2:단어검색, 3:단어수정, 4:단어삭제, 5:단어출력, 6:종료) >> 6
프로그램 종료

```python
while True :
    print( )
    num = int(input('메뉴 선택(1:단어입력, 2:단어검색, 3:단어수정, 4:단어삭제, 5:단어출력,  6:
종료) >> ' ))
    if num == 1:
        print('1.단어입력')

    elif num == 2:
        print('2:단어검색')

    elif num == 3:
        print('3:단어수정')

    elif num == 4:
        print('4:단어삭제')

    elif num == 5:
        print('5:단어출력')

    elif num == 6:
        print('프로그램 종료')
        break

    else :
        print('1~6만 입력 가능\n')
```

메뉴 선택(1:단어입력, 2:단어검색, 3:단어수정, 4:단어삭제, 5:단어출력, 6:종료) >> 3
3:단어수정

메뉴 선택(1:단어입력, 2:단어검색, 3:단어수정, 4:단어삭제, 5:단어출력, 6:종료) >> 2
2:단어검색

메뉴 선택(1:단어입력, 2:단어검색, 3:단어수정, 4:단어삭제, 5:단어출력, 6:종료) >> 7
1~6만 입력 가능

메뉴 선택(1:단어입력, 2:단어검색, 3:단어수정, 4:단어삭제, 5:단어출력, 6:종료) >> 5
5:단어출력

메뉴 선택(1:단어입력, 2:단어검색, 3:단어수정, 4:단어삭제, 5:단어출력, 6:종료) >> 6
프로그램 종료

5.단어출력을 먼저 해보겠습니다.

```
1        elif num == 5:
2                print('5:단어출력')
3                try:
4                    f=open("word.txt","r")
5                except FileNotFoundError :
6                    f=open("word.txt","w")
7                    print('화일이 존재하지 않습니다.')
8                    continue
9
10               print('단어/뜻')
11               import os
12               isExist = os.path.getsize('word.txt') > 0
13               if isExist==False :
14                   print('등록된 단어가 없습니다.\n')
15
16               for line in f :
17                   print(line,end='')
18               f.close( )
```

[실행결과]

메뉴 선택(1:단어입력, 2:단어검색, 3:단어수정, 4:단어삭제, 5:단어출력, 6:종료) >> 5
5:단어출력
화일이 존재하지 않습니다.

메뉴 선택(1:단어입력, 2:단어검색, 3:단어수정, 4:단어삭제, 5:단어출력, 6:종료) >> 5
5:단어출력
단어/뜻
등록된 단어가 없습니다.

메뉴 선택(1:단어입력, 2:단어검색, 3:단어수정, 4:단어삭제, 5:단어출력, 6:종료) >>

4: 파일에서 데이터를 읽어야하니 'r' 모드로 open합니다. 열린 파일은 f객체로 관리합니다. 만약 생성한 word.txt 화일이 없으면 FileNotFoundError가 발생하면서 5행으로 넘어갑니다.

5~8: FileNotFoundError를 처리합니다. 에러가 발생하면 화일을 생성하고 continue를 만나 while 조건문으로 돌아갑니다.

11: os 모듈을 import합니다.

12: os.path 모듈에는 파일명과 경로에 관한 여러가지 함수가 있습니다. os.path 모듈의 getsize( )로 ( )안의 파일의 크기를 구합니다. 크기가 0보다 크면 파일 안에 내용이 있다는 뜻으로 isExist에 True가 들어오고 0보다 크기 않으면 파일 안에 내용이 없다는 뜻으로 False가 들어옵니다.

13~14: 파일 안에 내용이 없으면 14행을 출력합니다.

16~17: 16행의 f는 f.readlines( )와 같습니다. 전체 파일의 내용을 읽어와서 한 줄씩 line변수에 넣고 17행 콘솔창에 출력하는 작업을 반복합니다.

18: 열린 파일을 close( ) 합니다.

1.단어입력을 해봅시다.

```
1        if num == 1:
2                print('1.단어입력')
3                f=open("word.txt","a")
4                word = input('단어:')
5                mean = input('뜻:')
6                f.write(word+'/'+mean+'\n')
7                f.close( )
```

```
[실행결과]

메뉴 선택(1:단어입력, 2:단어검색, 3:단어수정, 4:단어삭제, 5:단어출력,  6:종료) >> 1
1.단어입력
단어:dog
뜻:강아지

메뉴 선택(1:단어입력, 2:단어검색, 3:단어수정, 4:단어삭제, 5:단어출력,  6:종료) >> 1
1.단어입력
단어:cat
뜻:고양이

메뉴 선택(1:단어입력, 2:단어검색, 3:단어수정, 4:단어삭제, 5:단어출력,  6:종료) >> 5
5:단어출력
단어/뜻
dog/강아지
cat/고양이

메뉴 선택(1:단어입력, 2:단어검색, 3:단어수정, 4:단어삭제, 5:단어출력,  6:종료) >>
```

3: 단어 입력 후 파일에 추가로 쓰기 작업을 해야하므로 'a' 모드로 open합니다.

4~5: 단어와 뜻을 입력합니다.

6: 단어/뜻+엔터의 형식으로 파일에 쓰는 작업을 합니다.

7: 열린 파일을 close 합니다.

입력 후 5.단어출력을 해보면 파일에 출력된 내용을 볼 수 있습니다.

2.단어검색을 해봅시다.

```
1       elif num == 2:
2           print('2:단어검색')
3           flag = False
4           search_word = input('검색할 단어:')
5           f=open("word.txt","r")
6           for line in f :
7               line_list = line.split('/')
8               if line_list[0] == search_word :
9                   print(search_word,'의 뜻 : ',line_list[1],end='')
10                  flag = True
11
12          if flag == False :
13              print('찾는 단어 없음')
14          f.close( )

[실행결과]

메뉴 선택(1:단어입력, 2:단어검색, 3:단어수정, 4:단어삭제, 5:단어출력,  6:종료) >> 5
5:단어출력
단어/뜻
dog/강아지
cat/고양이

메뉴 선택(1:단어입력, 2:단어검색, 3:단어수정, 4:단어삭제, 5:단어출력,  6:종료) >> 2
2:단어검색
검색할 단어:Dog
찾는 단어 없음

메뉴 선택(1:단어입력, 2:단어검색, 3:단어수정, 4:단어삭제, 5:단어출력,  6:종료) >> 2
2:단어검색
검색할 단어:dog
dog 의 뜻 :  강아지

메뉴 선택(1:단어입력, 2:단어검색, 3:단어수정, 4:단어삭제, 5:단어출력,  6:종료) >>
```

4: 검색할 단어를 입력 받아 search_word에 넣습니다.

5: 파일에서 데이터를 읽어서 입력 받은 단어와 일치하는 단어가 있는지 검색을 해야하므로 'r' 모드로 open합니다.

6: f는 f.readlines()와 같습니다. 파일 전체의 데이터를 읽어서 한 줄 한 줄 line에 넣습니다.

7: line에 들어있는 한 줄의 데이터 dog/강아지를 split( ) 함수를 사용하여 '/'를 구분자로 단어와 뜻으로 분리시켜 line_list변수에 리스트 형태로 넣습니다. line_list에는 ['dog', '강아지₩n']의 형태로 데이터가 들어갑니다. line_list[0]에는 단어가, line_list[1]에는 뜻과 엔터가 들어갑니다.

8: line_list[0]에 있는 단어가 입력 받은 단어와 같다면..의 의미입니다. 대소문자가 일치해야 True가 됩니다.

9: lise_list[1]에 있는 뜻을 출력합니다.

10: 파일 전체내용에서 검색한 단어를 찾았는지 못 찾았는지를 알아내서 못 찾았으면 '찾는 단어 없음'을 출력하기 위한 설정 코드입니다. 검색한 단어를 찾았다는 의미로 3행에서 False로 초기화한 flag변수에 True를 넣습니다. 못 찾으면 flag변수는 계속 False값을 갖습니다.

12~13: for문 반복을 끝냈는데 즉, 파일의 모든 내용을 검색한 단어와 비교하는 작업을 끝냈는데, 아직도 flag가 False값을 가지고 있다는 것은 검색한 단어를 파일에서 찾지 못해서 True로 바뀌지 않았다는 의미입니다. 못 찾았으면 '찾는 단어 없음'을 출력합니다.

14: 열린 파일을 close합니다.

3. 단어수정을 해봅시다.

```
1       elif num == 3:
2               print('3:단어수정')
3               dict_word=[]
4               dict_mean=[]
5               f=open("word.txt","r")
6               for line in f :
7                   line_list = line.split('/')
8                   dict_word.append(line_list[0])
9                   dict_mean.append(line_list[1].strip( ))
10                  d = dict(zip(dict_word,dict_mean))
11
12              update_word = input('수정할 단어 입력 : ')
13              if d.get(update_word) == None:
14                  print('수정할 단어 없음')
15                  continue
16
17              update_mean = input('수정할 뜻 입력 : ')
18              d[update_word]=update_mean
19              print('수정 성공')
20              f.close( )
21
22              f=open("word.txt","w")
23              for key in d :
24                  f.write(key+'/'+d[key]+'\n')
25              f.close( )
```

```
[실행결과]

메뉴 선택(1:단어입력, 2:단어검색, 3:단어수정, 4:단어삭제, 5:단어출력,  6:종료) >> 5
5:단어출력
단어/뜻
dog/강아지
cat/고양이

메뉴 선택(1:단어입력, 2:단어검색, 3:단어수정, 4:단어삭제, 5:단어출력,  6:종료) >> 3
3:단어수정
수정할 단어 입력 : Dog
수정할 단어 없음

메뉴 선택(1:단어입력, 2:단어검색, 3:단어수정, 4:단어삭제, 5:단어출력,  6:종료) >> 3
3:단어수정
수정할 단어 입력 : dog
수정할 뜻 입력 : 개
수정 성공

메뉴 선택(1:단어입력, 2:단어검색, 3:단어수정, 4:단어삭제, 5:단어출력,  6:종료) >>
```

3~4: 리스트를 만듭니다.

5: 수정하려는 단어가 단어장 파일에 존재하면 수정하고 존재하지 않으면 수정 작업을 할 수가 없으므로 존재하는지 여부를 확인하기 위해 'r' 모드로 open합니다.

6: 파일 전체의 내용을 읽어 한 줄 한 줄 line변수에 넣는 작업을 반복합니다.

7: line변수에 들어있는 dog/강아지+엔터를 split()함수에서 '/'를 구분자로 나눠서 line_list에 넣습니다. line_list변수에는 2개로 나뉜 데이터가 ['dog', '강아지₩n'] 리스트 형태로 들어갑니다.

8: 단어 수정을 하기 위한 여러가지 방법이 있지만 사전을 활용해서 데이터를 수정해 보겠습니다. line_list[0]에 있는 'dog'을 dict_word 리스트에 추가합니다.

9: line_list[1]에 있는 '강아지₩n'을 dict_mean 리스트에 추가합니다. 리스트에 추가할 때 strip() 함수를 사용해서 '강아지₩n'의 뒤에 있는 ₩n을 제거하고 추가합니다.

10: zip()함수는 리스트와 튜플 같은 반복 가능한 데이터를 같은 위치의 요소끼리 하나로 묶어주는 기능을 합니다. 각각의 데이터는 같은 길이를 가져야 합니다. 두 리스트를 사용해서 d변수로 관리하는 딕셔너리(사전)으로 만듭니다. d사전에는 d: {'dog': '강아지', 'cat': '고양이'} 이렇게 딕셔너리 형태로 데이터가 들어갑니다.

12: 수정할 단어를 입력합니다.

13: 사전의 get() 함수는 ()안의 인자에 해당하는 키의 값을 사전에서 가져오는 함수인데 해당 키가 없으면 None을 리턴합니다.

15: 사전에 수정할 단어가 없으면 아랫줄로 내려가지 말고 다시 while 조건문으로 올라갈 수 있도록 continue합니다. 수정할 단어가 사전에 있으면 17행으로 내려갑니다.

17: 수정할 뜻을 입력합니다.

18: d사전에서 단어에 해당하는 키를 찾아 뜻에 해당하는 값으로 변경합니다. d[단어]=뜻

20: 'r' 모드로 open되어 있던 파일을 close 합니다.

22: 사전이 변경 되었으면 변경된 사전을 파일에 출력하기 위해 'w' 모드로 open합니다.

23: d 사전을 반복합니다. d는 d.keys( )와 같습니다. 사전의 모든 키를 반복해서 하나씩 key변수에 넣습니다.

24 : d[키]는 키에 해당하는 값을 가져옵니다. 키와 값을 가져와서 파일에 출력합니다.

25: 'w' 모드로 open되어 있던 파일을 close 합니다. 수정 후 5.단어출력을 실행시켜 수정이 됐는지 확인해봅시다.

4. 단어삭제를 해봅시다.

```
1       elif num == 4:
2               print('4:단어삭제')
3               dict_word=[]
4               dict_mean=[]
5               f=open("word.txt","r")
6               for line in f :
7                   line_list = line.split('/')
8                   dict_word.append(line_list[0])
9                   dict_mean.append(line_list[1].strip( ))
10                  d = dict(zip(dict_word,dict_mean))
11
12              delete_word = input('삭제할 단어 입력 : ')
13
14              if d.get(delete_word) == None:
15                  print('삭제할 단어 없음')
16                  continue
17
18              del d[delete_word]
19              print('삭제 성공')
20              f.close( )
21
22              f=open("word.txt","w")
23              for key in d.keys( ) :
24                  f.write(key+'/'+d[key]+'\n')
25              f.close( )
```

3~4: 리스트를 만듭니다.

5: 삭제하려는 단어가 단어장 파일에 존재하면 삭제하고 존재하지 않으면 삭제 작업을 할 수가 없으므로 존재하는지 여부를 확인하기 위해 'r' 모드로 open합니다.

6: 파일 전체의 내용을 읽어 한 줄 한 줄 line변수에 넣는 작업을 반복합니다.

7: line변수에 들어있는 dog/개+엔터를 split( )함수에서 '/'를 구분자로 나눠서 line_list에 넣습니다. line_list변수에는 2개로 나뉜 데이터가 ['dog', '개\n'] 리스트 형태로 들어갑니다.

8: line_list[0]에 있는 'dog'을 dict_word 리스트에 추가합니다.

9: line_list[1]에 있는 '개\n'을 dict_mean 리스트에 추가합니다. 리스트에 추가할 때 strip( ) 함수를 사용해서 '개\n'의 뒤에 있는 \n을 제거하고 추가합니다.

10: zip( )함수는 리스트와 튜플 같은 반복 가능한 데이터를 같은 위치의 요소끼리 하나로 묶어주는 기능을 합니다. 각각의 데이터는 같은 길이를 가져야 합니다. 두 리스트를 사용해서 d변수로 관리하는 딕셔너리(사전)으로 만듭니다. d사전에는 d: {'dog': '개', 'cat': '고양이'} 이렇게 딕셔너리 형태로 데이터가 들어갑니다.

12: 삭제할 단어를 입력합니다.

14: 사전의 get( ) 함수는 ( )안의 인자에 해당하는 키의 값을 사전에서 가져오는 함수인데 해당 키가 없으면 None을 리턴합니다.

16: 사전에 삭제할 단어가 없으면 아랫줄로 내려가지 말고 다시 while 조건문으로 올라갈

수 있도록 continue합니다. 사전에 삭제할 단어가 없는데 18행으로 내려가서 삭제 작업을 하려고 하면 안됩니다. 삭제할 단어가 사전에 있으면 18행으로 내려갑니다.

18: d사전에서 단어에 해당하는 키를 찾아 삭제 작업을 진행합니다.

20: 'r' 모드로 open되어 있던 파일을 close 합니다.

22: 사전에서 해당 키의 요소가 삭제 되었으면 변경된 사전을 파일에 출력하기 위해 'w' 모드로 open합니다.

23: d 사전을 반복합니다. d는 d.keys( )와 같습니다. 사전의 모든 키를 반복해서 하나씩 key변수에 넣습니다.

24: d[키]는 키에 해당하는 값을 가져옵니다. 키와 값을 가져와서 파일에 출력합니다.

25: 'w' 모드로 open되어 있던 파일을 close 합니다. 삭제 후 5.단어출력을 실행시켜 삭제가 됐는지 확인해봅시다.

6. 프로그램 종료를 해봅시다.

```
1        elif num == 6:
2                print('프로그램 종료')
3                break
```

3: 6을 입력하면 break를 만나서 while 반복문을 빠져나갑니다.

Chapter. **11**

데이터
베이스

처리할 데이터와 처리된 데이터는 파일로 관리할 수도 있지만, 데이터베이스로 관리할 수도 있습니다. 파일보다 데이터베이스를 사용하면 데이터의 입력,수정,삭제, 조회 등의 작업을 더 쉽게 할 수 있습니다. 이번 장에서는 데이터베이스에 대해 알아보겠습니다.

9장에서 파일을 다루는 방법에 대해서 공부했습니다. 미리 입력데이터를 파일로 만들어 파일에서 데이터를 읽어 들였고 실행된 결과를 또 다른 파일에 기록할 수 있도록 했습니다. 데이터는 이렇게 파일에 입출력을 할 수도 있지만 데이터베이스로 관리할 수도 있습니다. 데이터베이스는 여러 사람이 공유할 목적으로 통합하여 체계적으로 관리하는 데이터의 집합입니다. 자료의 중복을 없애고 구조화하여 검색의 효율을 높이기 위한 목적으로 사용됩니다.

11.1 DB 용어

아래 그림에는 3줄의 데이터가 있습니다. 각각의 줄을 레코드 또는 행이라고 합니다. 하나의 레코드는 번호, 이름, 나이, 키, 성별로 구성되는데 이렇게 하나의 레코드를 구성하는 항목을 칼럼, 열 또는 필드(field)라고 합니다. 레코드와 칼럼으로 구성된 데이터 집합을 테이블(table)이라고 합니다.

번호	이름	나이	키	성별
1	홍길동	21	176.4	남자
2	성춘향	34	162.9	여자
3	이몽룡	47	181.5	남자

테이블(table) → / 칼럼(column) → / 레코드(record) →

11.2 SQLite 사용하기

SQLite는 데이터베이스 관리 시스템이지만, 별도의 복잡한 DB 서버 설치가 필요 없고 응용 프로그램에 넣어 사용하는 임베디드(Embedded) SQL DB 엔진입니다. 무료로 사용할 수 있고 가볍고 속도가 빠르며 사용하기 쉽다는 장점이 있습니다. SQLite를 사용해서 데이터베이스를 만들고 테이블을 생성하고 데이터를 삽입, 조회, 수정, 삭제하는 작업을 할 수 있습니다.

실습을 위해 SQLite browser를 아래 사이트에서 다운 받습니다.

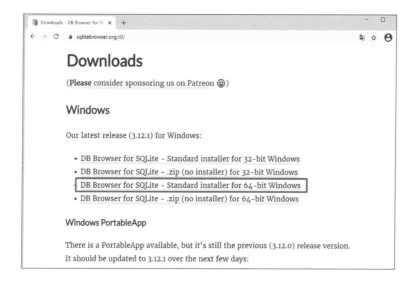

아래 파일을 다운받습니다.

위의 파일을 더블 클릭합니다.

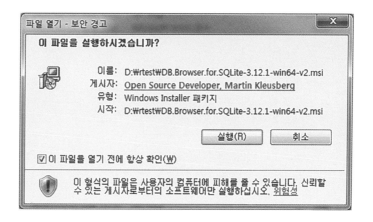

아래 단계를 따라합니다.

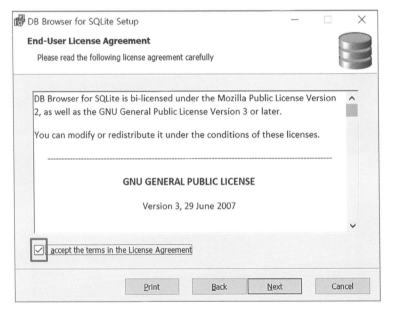

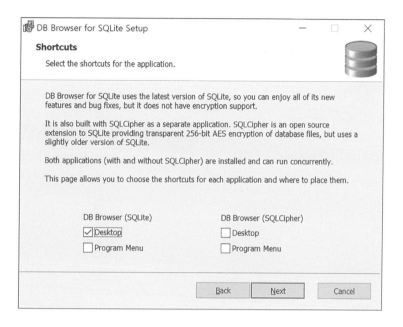

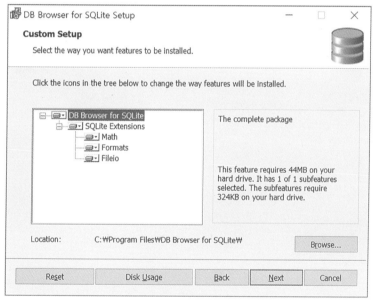

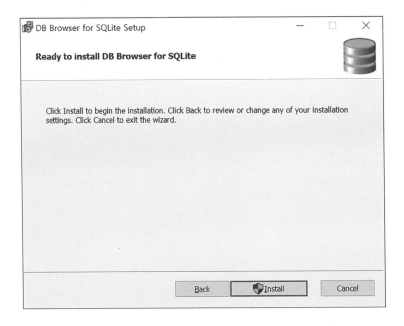

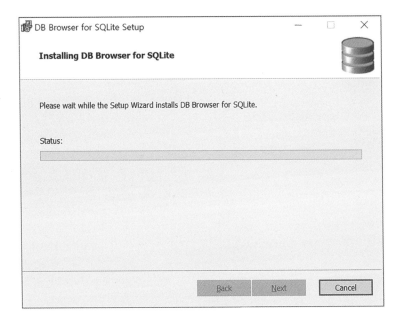

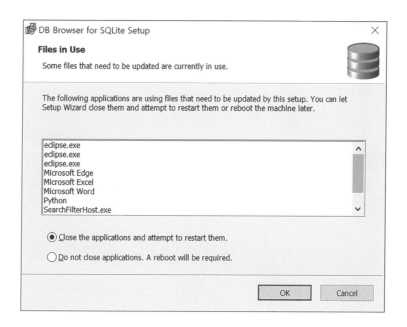

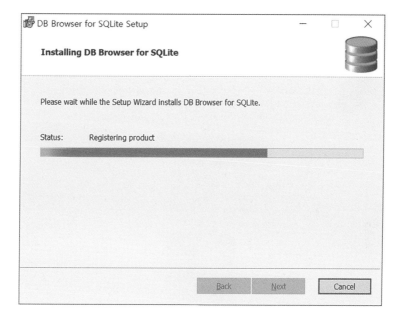

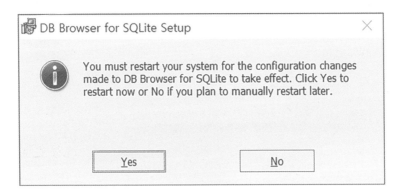

바탕화면의 위 아이콘을 더블클릭 합니다.

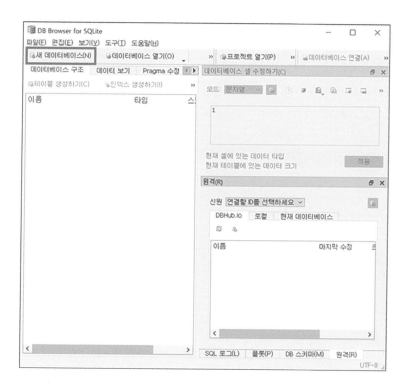

파일 이름 : db_test 작성하고 저장을 클릭합니다.

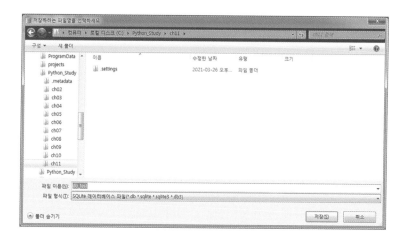

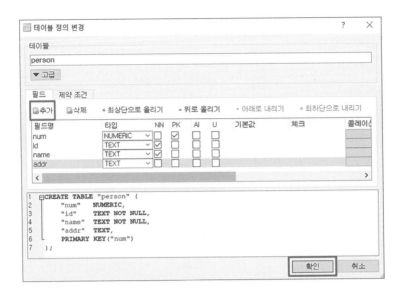

NN: Not Null, 비어 있지 않게 설정합니다.

PK: Primary Key(기본키), 여러 레코드를 구분할 수 있는 키로 설정합니다.

AI: 자동증가(Auto Increment), 데이터가 자동으로 증가되도록 설정합니다.

U: Unique, 중복되지 않게 고유한 값으로 설정합니다.

타입	설명
INTEGER	부호 있는 정수
REAL	부동 소수점 숫자
TEXT	텍스트
BLOB	Binary 데이터
NUMERIC	텍스트=>INTEGER or REAL로 변경

NUMERIC은 텍스트가 숫자로 구성되어 있으면 INTEGER 또는 REAL로 변경되고, 숫자로 구성되어 있지 않으면 그대로 텍스트 형태로 사용됩니다.

칼럼을 만들 때에는 제약조건을 설정할 수 있습니다. 제약 조건에 일치하는 데이터만 넣어야 합니다. 제약 조건의 종류에 대해 알아보겠습니다.

제약조건	설명
not null	해당 칼럼에 반드시 값을 입력하게 하고 싶을 때 사용합니다.
unique	특정 칼럼에 입력되는 값이 중복되지 않는 유일한 값이 되도록 할 때 사용합니다.
primary key	Not null 과 unique의 의미를 갖습니다.
check	조건이 참인 경우에만 데이터를 삽입, 수정 할 수 있도록 해줍니다.
default	넣고 싶은 기본값 설정을 할 수 있습니다.

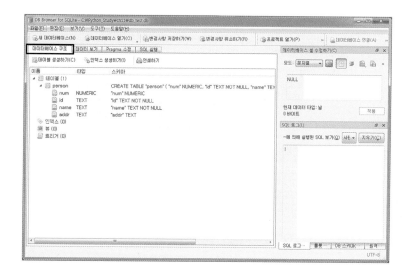

위의 테이블 생성은 아래처럼 문장으로 작성할 수도 있습니다. 데이터베이스에서는 값 (value)는 대소문자를 구분하지만 테이블명, 칼럼명, 타입 등의 식별자는 대소문자를 구분하지 않습니다. 주석은 '--' 기호를 사용합니다(- 2개). 아래와 같은 문장을 SQL(Structured Query Language)문 즉, 구조화된 질의어라고 합니다. 가장 기본적인 질의어는 아래와 같습니다.

질의어	설명
create	테이블, 시퀀스 등을 생성할 때 사용합니다.
select	레코드 조회할 때 사용합니다.
insert	레코드 삽입할 때 사용합니다.
update	레코드 수정할 때 사용합니다.
delete	레코드 삭제할 때 사용합니다.

```
[형식]
create table 테이블명(
칼럼명1 타입 [제약조건],
칼럼명2 타입 [제약조건],
칼럼명3 타입 [제약조건]
);
```

테이블명, 칼럼명1, 칼럼명2에 들어가는 단어는 예약어(또는 키워드)가 아닌 것을 사용해야 합니다. SQLite의 예약어는 https://www.sqlite.org/lang_keywords.html의 하단에 있는 ABORT~WITHOUT까지 입니다.

ABORT	CONSTRAINT	EXPLAIN	INTO	PARTITION	TEMPORARY
ACTION	CREATE	FAIL	IS	PLAN	THEN
ADD	CROSS	FILTER	ISNULL	PRAGMA	TIES
AFTER	CURRENT	FIRST	JOIN	PRECEDING	TO
ALL	CURRENT_DATE	FOLLOWING	KEY	PRIMARY	TRANSACTION
ALTER	CURRENT_TIME	FOR	LAST	QUERY	TRIGGER
ALWAYS	CURRENT_TIMESTAMP	FOREIGN	LEFT	RAISE	UNBOUNDED
ANALYZE	DATABASE	FROM	LIKE	RANGE	UNION
AND	DEFAULT	FULL	LIMIT	RECURSIVE	UNIQUE
AS	DEFERRABLE	GENERATED	MATCH	REFERENCES	UPDATE
ASC	DEFERRED	GLOB	NATURAL	REGEXP	USING
ATTACH	DELETE	GROUP	NO	REINDEX	VACUUM
AUTOINCREMENT	DESC	GROUPS	NOT	RELEASE	VALUES
BEFORE	DETACH	HAVING	NOTHING	RENAME	VIEW
BEGIN	DISTINCT	IF	NOTNULL	REPLACE	VIRTUAL
BETWEEN	DO	IGNORE	NULL	RESTRICT	WHEN
BY	DROP	IMMEDIATE	NULLS	RIGHT	WHERE
CASCADE	EACH	IN	OF	ROLLBACK	WINDOW
CASE	ELSE	INDEX	OFFSET	ROW	WITH
CAST	END	INDEXED	ON	ROWS	WITHOUT
CHECK	ESCAPE	INITIALLY	OR	SAVEPOINT	
COLLATE	EXCEPT	INNER	ORDER	SELECT	
COLUMN	EXCLUDE	INSERT	OTHERS	SET	
COMMIT	EXCLUSIVE	INSTEAD	OUTER	TABLE	
CONFLICT	EXISTS	INTERSECT	OVER	TEMP	

테이블이 존재하는데 또 생성하려고 하면 에러가 발생하므로 테이블을 생성하기 전에는 존재할지도 모르는 테이블을 먼저 삭제하고 생성합니다.

테이블 삭제 형식은 아래와 같습니다.

```
[형식]
drop table 테이블명;
```

```
1    drop table person;
2    create table person(
3    num INTEGER primary key, -- 모든 식별자는 대소문자 구분 안함
4    id text not null,
5    name text not null,
6    addr TEXT
7    );
```

1: person 테이블이 존재하면 삭제하고 존재하지 않으면 에러가 뜹니다. 에러가 떠도 그 다음 줄 진행합니다.

2~7: person 테이블을 생성합니다.

3: 여러 레코드를 구분하기 위해 num은 primary key로 설정합니다. primary key는 not null과 unique의 의미를 갖습니다. 반드시 데이터를 넣어야 하고 중복되면 안된다는 의미입니다. 칼럼 하나 설정이 끝나면 뒤에 쉼표(,)를 넣습니다. 주석은 -(- 2개)로 설정합니다.

4: id 칼럼에는 문자열을 넣어야 하고 not null이므로 값을 안 넣으면 안됩니다.

5: name 칼럼에는 문자열을 넣어야 하고 not null이므로 값을 안 넣으면 안됩니다.

6: addr 칼럼에는 문자열을 넣어야 하고 값을 안 넣어도 됩니다. 마지막 칼럼의 뒤에는 쉼표(,)를 붙이지 않습니다.

7: 하나의 sql문이 끝나면 마지막에는 세미콜론(;)을 붙입니다.

생성한 person 테이블의 레코드를 확인하고 싶으면 select sql문을 사용합니다. 조회 하려는 칼럼명을 하나씩 적어서 조회할 수도 있고 모든 칼럼을 조회하려면 칼럼명 대신 '*'을 씁니다.

[형식]
select 칼럼명1, 칼럼명2,… from 테이블명;

[형식]
select * from 테이블명;

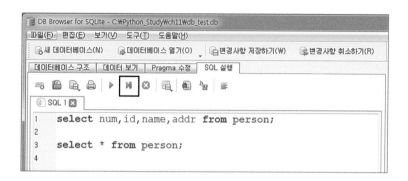

작성한 문장을 드래그 해서 블록 잡고 ctrl+enter를 치던가 위의 현재행 실행하기 아이콘을 클릭하면 실행이 됩니다. 한 줄 실행은 블록잡지 않고 실행해도 됩니다. 아직 insert한 레코드가 없으므로 조회되는 내용은 없습니다.

테이블에 레코드를 삽입해보겠습니다. 삽입하는 sql문은 insert입니다.

[형식]
insert into 테이블명(칼럼명1,칼럼명2,…)
values(값1,값2,…);

칼럼명1=값1, 칼럼명2=값2,.. 이렇게 순서대로 칼럼명에 값이 들어갑니다.

[형식2]
insert into 테이블명 values(값1,값2,…);

칼럼명을 작성하지 않으면 테이블 생성할 때 작성한 칼럼명 순서대로 값1, 값2,… 가 들어갑니다. 형식1처럼 칼럼명을 쓰면 작성한 칼럼에 넣을 값만 쓰면 되고, 형식2처럼 칼럼명을 안쓰면 모든 칼럼에 값을 넣어야 합니다.

4개의 레코드(행)을 insert 하겠습니다.

```
1       insert into person(num,id,name,addr)
2       values(1,'kim','김철수','서울');
3
4       insert into person(id,name,num,addr)
5       values('sung','성춘향',2,'제주');
6
7       insert into person(id,name,num)
8       values('lee','이몽룡',3);
9
10      insert into person
11      values(4,'hong','홍길동','부산');

[실행결과]
에러 없이 실행 완료.
데이터베이스에 쿼리가 성공적으로 실행되었습니다.
```

1~2: num, id, name, addr 칼럼 순서대로 2행의 값이 들어갑니다.

4~5: id, name, num, addr 칼럼 순서대로 5행의 값이 들어갑니다.

7~8: id, name, num 칼럼 순서대로 8행의 값이 들어갑니다. 테이블 생성할 때 addr 칼럼
은 not null 제약조건을 설정하지 않았으므로 값을 입력하지 않아도 됩니다. 3번 레
코드의 addr 칼럼에는 값이 없다는 뜻으로 null이 들어갑니다.

10~11: 칼럼명을 작성하지 않았으므로 테이블 생성시 작성한 칼럼순으로 값이 들어갑니
다. id, name, num, addr 칼럼 순서대로 11행의 값이 들어갑니다. 칼럼 순서에 맞
게 값을 넣어야 합니다.

삽입이 잘 되었는지 select로 확인해 보겠습니다.

4개 레코드의 num과 name칼럼만 조회해 봅니다.

```
1       select num,name from person;
```

	num	name
1	1	김철수
2	2	성춘향
3	3	이몽룡
4	4	홍길동

4개 레코드의 모든 칼럼을 조회해 봅니다.

```
1    select * from person;
```

	num	id	name	addr
1	1	kim	김철수	서울
2	2	sung	성춘향	제주
3	3	lee	이몽룡	*NULL*
4	4	hong	홍길동	부산

3행의 addr에는 별도로 값을 넣지 않았으므로 NULL이 들어있습니다.

한 줄 더 insert 해보겠습니다.

```
insert into person(num,id,name,addr)
values(1,'jung','정순희','강릉');
[실행결과]
에러가 발생하여 실행 중단됨.
결과: UNIQUE constraint failed: person.num
1번째 줄:
insert into person(num,id,name,addr)
values(1,'jung','정순철','서울');
```

레코드 한 줄을 삽입하니 에러가 발생됩니다. Person 테이블의 num칼럼에는 primary key 제약 조건 설정을 했습니다. primary key에는 not null과 unique의 의미가 있어서 중복되지 않는 값을 넣어야 하는데 이미 num칼럼에는 1이 들어있는 레코드가 있어서 person 테이블의 num칼럼이 unique를 위반했다는 에러가 발생됩니다. num이 기존의 num과 중복되지 않는 값으로 하나 더 추가합니다.

```
insert into person(num,id,name,addr)
values(1,'jung','정순희','강릉');
[실행결과]
에러가 발생하여 실행 중단됨.
결과: UNIQUE constraint failed: person.num
1번째 줄:
insert into person(num,id,name,addr)
values(1,'jung','정순철','서울');
```

조회해 보면 이번에는 정상적으로 insert 된 것을 확인할 수 있습니다.

```
1   select * from person;
2
```

num	id	name	addr
1	1 kim	김철수	서울
2	2 sung	성춘향	제주
3	3 lee	이몽룡	*NULL*
4	4 hong	홍길동	부산
5	5 jung	정순철	서울

조회할 때에는 where를 써서 조건을 설정할 수 있습니다.

[형식]
select * from 테이블명
where 칼럼명=값;

```
1   select * from person
2   where addr = "서울";
```

num	id	name	addr
1	1 kim	김철수	서울
2	5 jung	정순철	서울

2: where에는 조건을 설정합니다. addr가 서울인 레코드만 조회하라는 sql문 입니다. 2개
   의 레코드가 조회되었습니다.

where절에는 조건을 여러 개 설정할 수 있는데 조건을 여러 개 설정할 때에는 연산자를
사용합니다.

연산자	설명
A and B	A와 B가 모두 참일 때에만 참입니다.
A or B	A와 B 둘 중 하나라도 참일 때에만 참입니다.
between A and B	A와 B가 모두 참일 때에만 참입니다.
in	A와 B 둘 중 하나라도 참일 때에만 참입니다.
like 문자열	특정 문자열을 검색할 수 있습니다.

아래 sql문으로 addr가 '서울'이면서 id가 'jung'인 레코드만 조회해 봅시다. and 연산자를 썼으니 and 양쪽의 조건이 모두 참인 레코드만 조회합니다. 값은 대소문자를 구분하니까 'jung'을 'juNg'로 하면 일치하는 값을 찾지 못합니다.

```
1  select * from person
2  where addr = "서울" and id='jung';
3
```

num	id	name	addr
1	5	jung	정순철	서울

아래 sql문으로 addr가 '서울'이거나 또는 id가 'hong'인 레코드만 조회해 봅시다. or 연산자를 썼으니 or 양쪽의 조건 중 하나라도 참인 레코드만 조회합니다.

```
1  select * from person
2  where addr = "서울" or id='hong';
3
```

num	id	name	addr
1	1	kim	김철수	서울
2	4	hong	홍길동	부산
3	5	jung	정순철	서울

두 가지 조건을 설정하는데 모두 addr칼럼으로 or 조건 설정할 때에는 아래와 같이 in을 사용할 수 있습니다.

```
1  select * from person
2  where addr in("서울" ,'제주');
```

num	id	name	addr
1	1 kim	김철수	서울
2	2 sung	성춘향	제주
3	5 jung	정순철	서울

조건을 설정해서 조회를 할 때에는 특정 문자열을 만들어서 조회할 수 있습니다. 이 때에는 와일드카드 문자를 사용합니다. 와일드 카드는 1개 또는 0개 이상의 문자를 대신하는 특수문자 입니다.

문자	설명
%	0개 이상의 문자
_	1개의 문자

%희로 검색되는 단어 : 희, 민희, 순희, 김순희, 남궁순희 => '희'로 끝나고 '희' 앞에 몇 글자가 있어도 됩니다. 희로 끝나기만 하면 됩니다.

김%로 검색되는 단어: 김, 김철, 김민철 => '김'으로 시작하고 '김' 뒤에 몇 글자가 있어도 됩니다.

%수%로 검색되는 단어: 수, 희수, 수희, 손수건 => 문자열에 '수'가 있으면 됩니다. '수' 앞뒤로 몇 글자가 있어도 됩니다.

_희(밑줄 1개): 민희, 순희 => '희'로 끝나고 '희'앞에는 한 글자만 있어야 합니다.

김__(밑줄 2개): 김민철, 김순희 => '김'으로 시작하고 '김'뒤에는 2글자가 더 있어야 합니다.

_정_(정 앞뒤로 밑줄 1개): 강정순, 유정아 => '정' 앞 뒤로 1글자씩만 있어야 합니다.

person 테이블에서 name이 '철'로 끝나는 레코드를 조회해 봅시다.

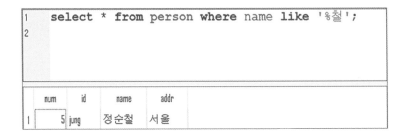

```
1  select * from person where name like '%철';
2
```

num	id	name	addr
1	5 jung	정순철	서울

person 테이블에서 name에 '철'이 포함된 레코드를 조회해 봅시다.

```
1    select * from person where name like '%철%';
2
```

	num	id	name	addr
1	1	kim	김철수	서울
2	5	jung	정순철	서울

name 칼럼에서 '철' 앞뒤로 문자가 있어도 되고 없어도 되는 '철'이 포함된 레코드를 조회합니다.

테이블의 레코드를 수정 해보겠습니다. 수정하는 sql문은 update입니다.

```
[형식]
upate 테이블명
set 칼럼1=값1, 칼럼2=값2, …
[where 조건식] ;
```

칼럼1의 값을 값1로 수정하고, 칼럼2의 값을 값2로 수정합니다. 조건은 생략 가능합니다.

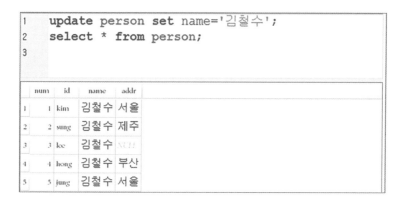

```
1    update person set name='김철수';
2    select * from person;
3
```

	num	id	name	addr
1	1	kim	김철수	서울
2	2	sung	김철수	제주
3	3	lee	김철수	NULL
4	4	hong	김철수	부산
5	5	jung	김철수	서울

1: update를 사용해서 person을 수정합니다. set 뒤에는 수정할 칼럼과 값을 작성합니다. 1행에서는 조건문 작성을 안 했으므로 모든 레코드의 name이 김철수로 변경됩니다. 이미 name이 김철수였던 1번 레코드를 제외하고 2번~5번의 name이 김철수로 변경됩니다.

2: 1행의 update문이 잘 실행되었는지 select로 확인해 봅니다.

앞의 update문장을 실행 후 아래처럼 변경사항 취소하기 클릭 - 마지막 저장된 상태로 되돌립니까?에서 예 클릭 후 다시 select * from person; 문장을 실행하면 다시 수정되기 전 상태로 되돌릴 수 있습니다.

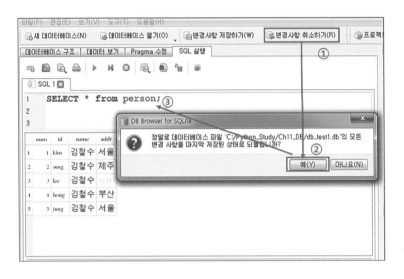

select 문장 실행후 원래의 상태로 돌아온 것을 볼 수 있습니다.

	num	id	name	addr
1	1	kim	김철수	서울
2	2	sung	성춘향	제주
3	3	lee	이몽룡	NULL
4	4	hong	홍길동	부산
5	5	jung	정순철	서울

아래처럼 update문에 조건을 설정하면 조건에 일치하는 데이터만 수정됩니다. update 문장 후 select로 수정된 것을 확인해 봅니다.

```
데이터베이스 구조   데이터 보기   Pragma 수정   SQL 실행

  SQL 1

1    update person set name='김철수'
2    where num=3;
3
4    SELECT * from person;
5
```

	num	id	name	addr
1	1	kim	김철수	서울
2	2	sung	성춘향	제주
3	3	lee	김철수	NULL
4	4	hong	홍길동	부산
5	5	jung	정순철	서울

다시 변경사항 취소하기 클릭 해서 원상태로 되돌리고 select * from person; 문장으로 원
상태로 되돌아 온 것을 확인합니다.

	num	id	name	addr
1	1	kim	김철수	서울
2	2	sung	성춘향	제주
3	3	lee	이몽룡	NULL
4	4	hong	홍길동	부산
5	5	jung	정순철	서울

테이블의 레코드를 삭제 해보겠습니다. 삭제하는 sql문은 delete입니다.

```
[형식]
delete from 테이블이름
[where 조건식] ;
```

```
1    delete from person;
2    SELECT * from person;
3
```

1: person 테이블의 모든 레코드를 삭제합니다.

2: 모든 레코드를 삭제하고 select 문을 실행하면 조회되는 레코드가 없습니다.

변경사항 취소하기 클릭 후 다시 위의 2행을 실행해서 삭제 전의 상태로 되돌리기 된 것을
확인합니다.

```
1    DELETE from person where num=2;
2
3    SELECT * from person;
4
```

num	id	name	addr
1	1	kim	김철수	서울
2	3	lee	이몽룡	NULL
3	4	hong	홍길동	부산
4	5	jung	정순철	서울

1: 조건을 설정해서 num=2인 레코드를 삭제합니다.

3: 삭제 후 레코드를 조회하면 num이 2인 행이 삭제된 것을 확인할 수 있습니다.

변경사항 취소하기 클릭 후 다시 위의 3행을 실행해서 삭제 전의 상태로 되돌리기 된 것을
확인합니다.

11.3 파이썬에서 DB다루기

SQLite Browser에서 다루던 데이터베이스를 파이썬 코드로 다뤄보도록 하겠습니다.

> **실습파일**   ch11₩Ex01.py

```
1    import sqlite3
2    import os
3    print(os.getcwd())
4
5    conn = sqlite3.connect('example.db')
6    cs = conn.cursor()
7
8    cs.execute("drop table sungjuk")
9    cs.execute('''CREATE TABLE sungjuk(
10                     name text,
11                     kor int,
12                     eng int
13               )''')

[실행결과]
C:\Python_Study\ch11
```

1: 데이터베이스 처리를 하기 위한 여러가지 함수가 들어있는 sqlite3 모듈을 import 합니다.

2~3: 현재 작업 위치를 알아올 수 있는 getcwd( ) 함수를 사용하기 위해 os 모듈을 import
합니다.

5: 사용할 db파일을 sqlite3.connect( ) 함수로 오픈합니다. 현재 작업 위치에 example.db
가 있으면 그 db를 사용하고 없으면 자동으로 생성됩니다. example.db를 오픈하면서
db에 연결되고 Connection 객체가 conn변수로 들어옵니다.

6: 커서(Cursor)는 쿼리(질의)문을 실행하고, 쿼리(질의) 결과로 나온 데이터 레코드에 순
차적으로 접근할 때 특정 레코드를 가리키는 역할을 합니다. 질의 결과로 나온 데이
터가 여러 개 일 때 커서를 이동하면서 데이터에 접근할 수 있습니다. 5행에서 생성된
Connection 객체의 cursor( ) 함수로 이 커서 객체를 생성합니다.

8: 6행에서 생성한 커서 객체의 execute( ) 함수로 ( )안의 질의문을 실행합니다. sungjuk
테이블이 존재하면 테이블을 삭제합니다. 테이블이 존재하지 않으면 8행에서 에러가
발생하므로 처음 실행할 때에는 8행을 주석처리하고 실행하고 2번째 실행할 때에는 8
행 주석 해제하고 실행합니다.

9~13: sungjuk 테이블을 생성합니다. 테이블이 존재하면 또 생성할 수 없으므로 8행으로
테이블 삭제하고 9행~13행을 실행해야 합니다.

위 코드에 이어서 작성합니다.

실습파일　　ch11₩Ex01.py(위의 파일에 이어서 작성)

```
1      cs.execute("INSERT INTO sungjuk VALUES ('kim',22,33)")
2      cs.execute("INSERT INTO sungjuk VALUES ('kim',70,80)")
3      cs.execute("INSERT INTO sungjuk VALUES ('park',50,90)")
4      cs.execute("INSERT INTO sungjuk VALUES ('kim',88,99)")
5
6      sql = "SELECT * FROM sungjuk WHERE name = 'kim'"
7      cs.execute(sql)
8      print ('c.fetchone():',cs.fetchone())
9      cs.execute(sql)
10     print ('c.fetchall():',cs.fetchall())
11     cs.execute(sql)
12     print ('c.fetchmany():',cs.fetchmany())
13     cs.execute(sql)
14     print ('c.fetchmany(2):',cs.fetchmany(2))

[실행결과]
c.fetchone(): ('kim', 22, 33)
c.fetchall(): [('kim', 22, 33), ('kim', 70, 80), ('kim', 88, 99)]
c.fetchmany(): [('kim', 22, 33)]
c.fetchmany(2): [('kim', 22, 33), ('kim', 70, 80)]
```

1~4: 커서 객체의 execute( ) 함수로 ( )안의 질의문을 실행합니다.

6: name이 kim인 레코드를 조회하는 sql문을 작성합니다.

7: 6행의 sql문을 실행합니다. 아래 그림처럼 실행한 결과를 커서를 사용해서 접근합니
다. 커서는 쿼리(질의) 결과로 나온 데이터 레코드에 순차적으로 접근할 때 특정 레코
드를 가리키는 역할을 합니다. 질의 결과 맨 위에 커서가 위치하고 그 위치의 데이터를
fecthone( ) 함수를 사용해서 하나만 가져가서 출력합니다.

	name	kor	eng
1	kim	22	33
2	kim	70	80
3	kim	88	99

커서

10: fetchall( )함수는 실행한 결과로 나온 모든 레코드에 접근하는 커서 객체의 함수입니
다. 질의 결과로 나온 첫번째 데이터에 커서로 접근해서 하나 가져와서 출력하고 그
다음 데이터에 커서로 접근해서 가져오는 작업을 반복합니다. 그런데 8행에서 커서로
맨 처음 데이터에 접근 했으므로 10행에서는 순차적으로 2번째 데이터에 접근을 합니
다. 그래서 다시 처음의 데이터에 접근하기 위해서 9행을 실행해야 합니다. 그래야 다
시 select 질의문을 실행해서 나온 결과의 첫번째 데이터에 커서가 접근해서 순차적으
로 모든 데이터를 가져오는 작업을 할 수 있습니다.

11: 다시 질의문을 실행시켜 나온 결과의 맨 처음에 커서를 위치시킵니다.

12: fetchmany( ) 함수도 여러 데이터를 가져올 수 있는 함수인데 ( )안에 가져올 데이터
개수를 지정할 수 있습니다. 개수 지정을 안하면 1개의 데이터만 가져옵니다.

14: 질의문 실행결과 2개의 데이터만 fetchmany( ) 함수로 가져옵니다.

실습파일   ch11₩Ex01.py(위의 파일에 이어서 작성)

```
1    list1 = 'jung',11,22
2    cs.execute('INSERT INTO sungjuk VALUES (?,?,?)', list1)
3
4    list2 = [('choi', 33,83),('hong', 71,97)]
5    cs.executemany('INSERT INTO sungjuk VALUES (?,?,?)', list2)
6
7    print('--이름 순 정렬 조회1--')
8    cs.execute('SELECT * FROM sungjuk ORDER BY name asc')
9    print ('c.fetchall():',cs.fetchall())
```

```
10          print()
11          print('--이름 순 정렬 조회2--')
12          for row in cs.execute('SELECT * FROM sungjuk ORDER BY name desc'):
13              print ('row:',row)
```

[실행결과]
--이름 순 정렬 조회1--
c.fetchall(): [('choi', 33, 83), ('hong', 71, 97), ('jung', 11, 22), ('kim', 22, 33), ('kim', 70, 80), ('kim', 88, 99), ('park', 50, 90)]

--이름 순 정렬 조회2--
row: ('park', 50, 90)
row: ('kim', 22, 33)
row: ('kim', 70, 80)
row: ('kim', 88, 99)
row: ('jung', 11, 22)
row: ('hong', 71, 97)
row: ('choi', 33, 83)

1: list1변수에 데이터 3개를 튜플 형태로 넣습니다.

2: list1변수의 데이터를 ?에 순서대로 넣어서 insert 문을 실행합니다. 한 줄의 레코드를 삽입할 때는 execute() 함수를 사용합니다.

4: 튜플 2개를 리스트로 만들어 list2변수에 넣습니다.

5: list2변수의 튜플 2개를 각각 ? 자리에 넣어서 리스트 요소의 개수만큼 2번 insert를 반복합니다. 2개 이상의 레코드를 삽입할 때에는 커서 객체의 executemany() 함수를 사용합니다.

8: order by는 정렬할 때 사용합니다. order by name asc는 name칼럼을 기준으로 오름차순 정렬해서 가져온다는 의미입니다. asc는 생략 가능합니다.

9: 8행에서 실행한 sql문을 fetchall() 함수로 모두 가져와서 출력합니다. name을 기준으로 오름차순 정렬해서 출력되는 것을 볼 수 있습니다.

12: name을 기준으로 내림차순 정렬해서 가져옵니다. 여러 개의 레코드를 가져와서 반복문 이용해서 하나씩 row변수에 넣고 row변수의 값을 출력합니다.

```
1          find_name = 'kim'
2          update_kor = 100
3          cs.execute("update sungjuk set kor = %d WHERE name = '%s'" % (update_kor,find_name))
4
5          for row in cs.execute('SELECT * FROM sungjuk ORDER BY name'):
6              print ('row:',row)

[실행결과]
row: ('choi', 33, 83)
row: ('hong', 71, 97)
row: ('jung', 11, 22)
row: ('kim', 100, 33)
row: ('kim', 100, 80)
row: ('kim', 100, 99)
row: ('park', 50, 90)
```

1~2: 변수에 값을 초기화합니다.

3: update_kor변수의 값은 숫자이므로 %d자리에, find_name변수의 값은 문자열이므로 %s자리에 순서대로넣고 update문을 실행합니다. 조건에 해당하는 3개의 레코드가 수정됩니다.

5~6: name을 오름차순 정렬해서 하나씩 반복해서 출력합니다. name이 'kim'인 레코드의 kor칼럼이 모두 100으로 수정된 것을 확인해 볼 수 있습니다.

```
1          delete_kor = 33
2          cs.execute("delete from sungjuk where kor = %d" % (delete_kor))
3          for row in cs.execute('SELECT * FROM sungjuk ORDER BY name'):
4              print (row)
5          conn.commit()
6          cs.close()
7          conn.close()

[실행결과]
('hong', 71, 97)
('jung', 11, 22)
('kim', 100, 33)
('kim', 100, 80)
('kim', 100, 99)
('park', 50, 90)
```

1: 변수에 값을 초기화합니다.

2: delete_kor변수의 값을 %d 자리에 넣고 조건으로 설정한 후 delete문을 실행합니다.

3: 삭제한 후 남아있는 레코드를 조회해서 반복해서 출력합니다. kor이 '33'인 레코드가 삭제된 것을 확인할 수 있습니다.

5: 모든 작업이 마무리되면 지금까지 작업한 것을 commit() 함수를 써서 저장합니다.

commit()을 해야 DB에 저장됩니다.

6: 더 이상 실행할 내용이 없으면 cs.close()를 사용해서 커서를 닫습니다.

7: 더 이상 실행할 내용이 없으면 conn.close()를 사용해서 연결을 끊습니다.

연습 문제 ① 아래처럼 book 테이블을 조회했을 때 아래와 같은 결과가 나오도록 테이블을 생성하고 레코드를 삽입하는 코드를 작성하고 조회한 결과가 console 창에 출력되는 파이썬 코드를 작성하세요.

```
1    SELECT * from book;
```

	no	title	author	day
1	1	파이썬	이윤정	2021-01-01
2	2	자바	정지혜	2020-01-01
3	3	HTML	김지현	2019-05-21
4	4	빅데이터	김수정	2020-07-19

연습 문제 ② 아래와 같은 결과가 나오도록 no=2를 조건으로 title과 author를 수정하고 console 창에 출력되는 파이썬 코드를 작성하세요.

```
1    SELECT * from book;
```

	no	title	author	day
1	1	파이썬	이윤정	2021-01-01
2	2	R프로그래밍	강연희	2020-01-01
3	3	HTML	김지현	2019-05-21
4	4	빅데이터	김수정	2020-07-19

아래와 같은 결과가 나오도록 no=2를 조건으로 레코드를 삭제하고 console 창에 출력되는 파이썬 코드를 작성하세요.

```
1    SELECT * from book;
```

	no	title	author	day
1	1	파이썬	이윤정	2021-01-01
2	3	HTML	김지현	2019-05-21
3	4	빅데이터	김수정	2020-07-19

Project 03

지금까지 공부한 파이썬 문법을 이용한 프로젝트를 진행해 보겠습니다. 도서 정보를 넣어놓은 bookInfo.txt 텍스트 파일에서 데이터를 읽어 분류별로 분리하고 입력한 가격 조건에 맞는 데이터를 검색해 보도록 하겠습니다. 도서 정보 파일은 아래와 같습니다. 분류가 1인 것은 IT 책이고, 2인 것은 소설책입니다. 분류가 1인것은 2인것에 비해 번역가 정보가 하나 더 있습니다.

메뉴 번호 1을 선택하면 bookInfo.txt파일에서 분류가 1인 것은 ITBook.txt에 2인 것은 StoryBook.txt 파일에 별도로 분리시킵니다.

메뉴 번호 2를 선택하면 bookInfo.txt파일에서 분류가 1인 것은 가격에 20% 할인된 금액을 계산해서 ITBook_addSalePrice.txt에 출력하고 분류가 2인 것은 가격에 20% 할인된 금액을 계산해서 StoryBook_addSalePrice.txt에 출력합니다.

번호	제목	저자	번역	가격	분류
1	파이썬	귀도_반_로섬	김철수	3000	1
2	토지	박경리		2000	2
3	자바	제임스_고슬링	이몽룡	4000	1
4	홍길동전	홍길동		1000	2
5	춘향전	성춘향		5000	2

아래와 같이 작성하고 메뉴 선택이 잘 되는지 확인해 봅니다.

```
1    ittitle = ['번호','제목','저자','번역','가격 ','할인가격','분류']
2    storytitle = ['번호','제목','저자','가격 ','할인가격','분류']
3
4    class Book:
5        pass
6
7    class ITBook(Book):
8        pass
9
10   class StoryBook(Book):
11       pass
12
13   while True :
14       print( )
15       print('메뉴 선택')
16       print('1:파일분리')
```

```
17              print('2:파일에 할인가격추가하기')
18              print('3:가격범위조건검색')
19          num = int(input('입력: >> '))
20
21          if num == 1:
22              print('1')
23
24          elif num == 2:
25              print('2')
26
27          elif num == 3:
28              print('3')
29
30          elif num == 4:
31              print('4')
32              import sys
33              sys.exit( )
34          else :
35              print('1~4의 숫자만 입력하세요')
```

[실행결과]

메뉴 선택
1:파일분리
2:파일에 할인가격추가하기
3:가격범위조건검색
입력: >> 1
1

메뉴 선택
1:파일분리
2:파일에 할인가격추가하기
3:가격범위조건검색
입력: >> 2
2

메뉴 선택
1:파일분리
2:파일에 할인가격추가하기
3:가격범위조건검색
입력: >> 3
3

메뉴 선택
1:파일분리
2:파일에 할인가격추가하기
3:가격범위조건검색
입력: >> 5
1~4의 숫자만 입력하세요

메뉴 선택
1:파일분리
2:파일에 할인가격추가하기
3:가격범위조건검색
4:종료
입력: >> 4
4

```
1    class Book:
2        def fileSeparate(self, file, lst):
3            for word in lst:
4                file.write(word)
5                file.write('\t')
6            file.write('\n')
7
8    class ITBook(Book):
9        def __init__(self,itfile):
10           print('ITBook.count:',ITBook.count)
11           if ITBook.count == 0 :
12               for title in ittitle:
13                   itfile.write(title)
14                   itfile.write('\t')
15               itfile.write('\n')
16               ITBook.count = ITBook.count+1
     ~중간생략~
     ~중간생략~
21   if num == 1:
22       ITBook.count=0
23       StoryBook.count=0
24       f=open("bookInfo.txt","r")
25       f.readline( )
26       for line in f:
27           s = line.split( )
28           lastIndex = s[len(s)-1]
29           if lastIndex=='1' :
30               itfile=open("ITBook.txt","a")
31               ibObj = ITBook(itfile)
32               ibObj.fileSeparate(itfile,s)
33               itfile.close( )
34           else :
35               storyfile=open("StoryBook.txt","a")
36               storyObj = StoryBook(storyfile)
37               storyObj.fileSeparate(storyfile,s)
38               storyfile.close( )
39       f.close( )
```

21: 1번 메뉴인 파일 분리 기능을 먼저 보겠습니다. bookInfo.txt 파일의 분류에 따라 분류가 1인 행은 ITBook.txt파일로 분류가 2인 행은 StoryBook.txt 파일로 분리시킵니다.

22~23: 각 클래스의 클래스 변수로 count변수를 선언합니다. ITBook.txt와 StoryBook.txt에 데이터를 출력하는데 맨 위의 제목 줄은 한번만 출력하기 위해 count변수를 사용합니다. count=0 일 때에만 제목을 출력합니다.

24: bookInfo.txt 파일을 읽기 위한 모드로 open합니다.

25: 파일의 맨 위에 있는 제목을 읽어 들입니다. 제목은 프로그램 맨 위에서 리스트 처리해 놓았으므로 읽어 들인 제목은 변수에 담지 않고 그냥 버립니다.

26~38: 파일에서 한 줄씩 읽어 line변수에 담는 작업을 반복합니다.

27: 읽어 들인 한 줄은 문자열 형태로 저장됩니다. 문자열을 공백을 구분자로 분리시킵니다. 분리시킨 데이터는 s 변수에 리스트로 저장됩니다.

28~30: s 리스트에서 길이-1을 해서 분류에 해당하는 맨 끝의 데이터를 가져옵니다. 맨 끝의 데이터가 '1'이면 IT 도서의 정보이므로 ITBook.txt에 쓰기 위해 추가 모드로 open합니다. open한 파일은 itfile 이름의 파일 객체로 관리됩니다.

31: ITBook 클래스 객체를 만들면서 생성자인 9행으로 파일 객체를 넘깁니다.

9: 생성자에서는 프로그램 맨 위에 작성한 리스트 ittitle = ['번호','제목','저자','번역','가격','할인가격','분류']의 요소 하나 하나를 반복해서 ITBook.txt 파일에 제목으로 넣습니다. 생성자로는 ITBook 클래스 객체를 생성할 때마다 가지만 제목을 파일에 추가하는 작업은 한번만 해야 하므로 클래스 변수 ITBook.count가 0일 때에만 진행합니다. 생성자 실행이 끝나면 다시 호출한 31행으로 돌아갑니다.

32: ITBook 클래스의 fileSeparate( ) 함수로 파일 객체와 분리된 리스트를 넘깁니다. ITBook 클래스에는 fileSeparate( ) 함수가 없고 ITBook 클래스의 부모인 Book 클래스에 fileSeparate( ) 함수가 정의되어 있습니다. 같은 기능을 ITBook 클래스에서만 뿐만 아니라 StoryBook 클래스에서도 사용해야 하므로 부모 클래스에 함수를 정의해 놓고 자식클래스에서 상속받아 사용하고 있습니다.

2: fileSeparate( ) 함수에서는 파일 객체와 분리된 리스트를 넘겨받아 리스트를 파일에 출력하는 작업을 진행합니다. 실행이 끝나면 32행으로 다시 돌아갑니다.

33. 파일 출력 작업이 끝났으므로 ITBook.txt 파일과의 연결을 끊습니다. bookInfo.txt 파일에서 읽어 들인 분류가 2면 StoryBook.txt에 쓰는 작업을 위와 똑같이 진행합니다.

```
1      class Book:
2          def fileSeparate(self, file, lst):
3              for word in lst:
4                  file.write(word)
5                  file.write('\t')
6              file.write('\n')
7
8          def addSalePrice(self, file, lst):
9              print('addSalePrice lst:',lst)
10             i = 0
11             for word in lst:
12                 i = i+1
13                 file.write(word)
14                 file.write('\t')
15                 if len(lst)-1 == i :
16                     salePrice = int(word) * 0.8
17                     file.write(str(int(salePrice)))
18                     file.write('\t')
19             file.write('\n')
            ~중간생략~
```

```
20          elif num == 2:
21                  ITBook.count=0
22                  StoryBook.count=0
23                  f2=open("bookInfo.txt","r")
24                  f2.readline( )
25                  for line in f2:
26                      s = line.split( )
27                      lastIndex = s[len(s)-1]
28                      if lastIndex=='1' :
29                          itfile=open("ITBook_addSalePrice.txt","a")
30                          ibObject = ITBook(itfile)
31                          ibObject.addSalePrice(itfile,s)
32                          itfile.close( )
33                      else :
34                          storyfile=open("StoryBook_addSalePrice.txt","a")
35                          storyObject = StoryBook(storyfile)
36                          storyObject.addSalePrice(storyfile,s)
37                          storyfile.close( )
38                  f2.close( )
```

20: 2번 메뉴인 파일에 할인 가격 추가하기 기능을 보겠습니다.

21~22: ITBook 클래스의 생성자와 StoryBook 클래스의 생성자에서 새로운 파일에 제목
설정을 하기 위해 클래스 변수 ITBook.count와 StoryBook.count는 0으로 초기
화합니다. 클래스 변수가 0일 때에만 제목을 추가합니다.

23: bookInfo.txt 파일을 읽기 위한 모드로 open합니다.

24: 파일의 맨 위에 있는 제목을 읽어 들입니다. 제목은 프로그램 맨 위에서 리스트 처리
해 놓았으므로 읽어 들인 제목은 변수에 담지 않고 그냥 버립니다.

25~37: 파일에서 한 줄씩 읽어 line변수에 담는 작업을 반복합니다.

26: 읽어 들인 한 줄은 문자열 형태로 저장됩니다. 문자열을 공백을 구분자로 분리시킵니
다. 분리시킨 데이터는 s 변수에 리스트로 저장됩니다.

27~29: s 리스트에서 길이-1을 해서 길이-1자리의 분류에 해당하는 맨 끝의 데이터를 가
져옵니다. 맨 끝의 데이터가 '1'이면 IT 도서의 정보이므로 ITBook_addSalePrice.
txt에 쓰기 위해 추가 모드로 open합니다. open한 파일은 itfile 이름의 파일 객체
로 관리됩니다.

30: ITBook 클래스 객체를 만들면서 생성자에서 제목을 파일에 추가하는 작업을 합니다.

31: ITBook 클래스의 addSalePrice( ) 함수로 파일 객체와 분리된 리스트를 넘깁니
다. ITBook 클래스에는 addSalePrice( ) 함수가 없고 ITBook 클래스의 부모인
Book 클래스에 정의되어 있습니다. 같은 기능을 ITBook 클래스에서만 뿐만 아니라
StoryBook 클래스에서도 사용해야 하므로 부모 클래스에 함수를 정의해 놓고 자식
클래스에서 상속받아 사용합니다. 8행으로 이동합니다.

8: addSalePrice( ) 함수에서는 파일 객체와 리스트를 넘겨받아 리스트를 파일에 출력하
는 작업을 합니다.

15~18: 조건문을 이용해서 파일에서 가격의 위치를 찾아내서 가격*0.8로 20%할인된 가격
을 파일에 출력합니다. addSalePrice( ) 함수 실행이 끝나면 31행으로 리턴합니다.

32. 파일 출력 작업이 끝났으므로 ITBook_addSalePrice.txt 파일과의 연결을 끊습니다.
bookInfo.txt 파일에서 읽어 들인 분류가 2면 StoryBook_addSalePrice.txt에 쓰는 작
업을 위와 똑같이 진행합니다.

```
1       elif num == 3:
2               start = int(input('가격 시작 : >> '))
3               end = int(input('가격 끝 : >> '))
4               f=open("bookInfo.txt","r")
5               f.readline( )
6               searchNum = 0
7               while True :
8                   pos = f.tell( )
9                   line = f.readline( )
10                  if line == '' :
11                      break
12
13                  s = line.split( )
14                  price = s[len(s)-2]
15                  if int(price) >= start and int(price) <= end :
16                      f.seek(pos)
17                      searchPrice = f.readline( )
18                      print('find_line:', searchPrice)
19                      searchNum = searchNum+1
20              print('범위안의 권수:'+str(searchNum))
21
22              f.close( )
```

1: 3번 메뉴인 가격 범위 조건 검색을 합니다.

2~3: 범위의 시작 가격과 끝 가격을 입력합니다.

4: bookInfo.txt 파일을 읽기 위한 모드로 open합니다.

5: 파일의 맨 위에 있는 제목을 읽어 들입니다. 제목은 프로그램 맨 위에서 리스트 처리 해
놓았으므로 읽어 들인 제목은 변수에 담지 않고 그냥 버립니다.

6: 검색한 권수를 세기 위한 변수를 초기화합니다.

7~19: 파일에서 한 줄씩 읽어 들이는 작업을 파일의 끝을 만날 때까지 반복합니다.

8: 파일이 열리면서 파일포인터의 위치를 찾아냅니다.

9: 현재 파일 포인터 위치에서 한 줄을 읽어 들입니다. 한 줄 만큼씩 파일포인터가 이동합
니다.

10: 읽어 들인 한 줄이 ''이면 반복문을 빠져나갑니다.

13~14: 읽어 들인 한 줄에서 가격의 위치를 찾습니다. 리스트이 길이-2 위치에 가격이 있습니다. 찾아낸 가격의 값을 price변수에 넣습니다.

15: price변수에 넣은 값이 입력한 시작 가격과 끝 가격 범위 안에 있는지 비교합니다.

16~18: 현재 파일 포인터 위치에서 한 줄을 읽어 출력합니다.

19: 찾아낸 라인 수를 1씩 증가합니다.

22: 파일을 닫습니다.

```
[실행결과]

입력: >> 3
가격 시작 : >> 4000
가격 끝 : >> 6000
find_line: 3      자바           제임스_고슬링      이몽룡    4000    1

find_line: 5      춘향전         성춘향                    5000    2

find_line: 7      R프로그래밍     로버트           홍길동    5000    1

find_line: 10     태백산맥  조정래                  6000    2

범위안의 권수:4
```

부록

찾아보기
&
연습문제 해답

연습문제 해답

Chapter 02   자료형

```
# 1번 문제
# (키워드)는 변수명으로 사용할 수 없다.
# 영문자는 대소문자를 구분한다.
# 숫자를 사용할 수 있지만 변수명 첫자리에는
(숫자)를 사용할 수 없다.
# (언더바(_))를 사용할 수 있고 다른 특수문자
는 사용할 수 없다.
```

```
# 2번 문제
name = '이몽룡'
kor = 20
eng = 30
print(name, ',',  kor, ',', eng)
print("%s, %d, %d" % (name , kor, eng))
print("{}, {}, {}".format(name , kor, eng))

# [실행결과]
# 이몽룡 , 20 , 30
# 이몽룡, 20, 30
# 이몽룡, 20, 30
```

Chapter 03   연산자

```
# 1번 문제
print('국어점수 :',end=' ')
kor = input()
eng = input('영어점수 : ')
math = input('수학점수 : ')
print('합계:',int(kor)+int(eng)+int(math))
print('평균:',(int(kor)+int(eng)+int(ma
th))/3)

또는

print('국어점수 :',end=' ')
kor = input()
eng = input('영어점수 : ')
math = input('수학점수 : ')
hap = int(kor)+int(eng)+int(math)
print('합계:',hap)
print('평균:',hap/3)

[실행결과]
국어점수 : 77
영어점수 : 87
```

수학점수 : 99
합계: 263
평균: 87.66666666666667

```
# 2번 문제
s1 = input('문자열1 입력 : ' )
s2 = input('문자열2 입력 : ' )
print( s1 in s2 )
```

Chapter 04   데이터 다루기

```
# 1번 문제
L1 = ['Very', 'interesting', 'study']
L2 = ['Python']

L1[2:2]=L2
# L1.insert(2,L2) # 이 코드는 L2 = 'Python'으
로 되어 있어야 위와 같은 결과 나온다.
print(L1)
# ['Very', 'interesting','Python', 'study']
```

```
# 2번 문제
word1='Hello'
word2='Python'
d={} # 사전으로 정의함(새로운 사전이
만들어짐), 이 줄이 없으면 위의 사전 내용
(one,two,three,four)에 Hello와 World 가 추가
된다.

d[word1]=len(word1)
d[word2]=len(word2)
print('d:',d)
```

Chapter 05   제어문과 반복문

```
# 1번 문제
odd  = 0 # 초기화 안하면 에러남, 홀수
even = 0 # 초기화 안하면 에러남

for i in range(1, 11): # (1,11,1)도 가능함
    if i % 2 == 0:
        #even += i # 아래코드도 됨
        even = even+i
    else:
        odd += i
```

```
print('홀수 총합 : %d' % odd)
print('짝수 총합 : %d' % even)
```

2번 문제
```
\dict1 = {'영희':70,'철수':90,'순희':80}
\hap = 0
for value in dict1.values():
    hap += value
print("hap:"+str(hap))
```

3번 문제
```
for i in range(2,10):
    if i% 2 == 0:
        for j in range(1,i+1) :
            print(i,'*',j,'=',i*j)
        print('---------------')
```

또는
```
for i in range(2,10,2):
    for j in range(1,i+1) :
        print(i,'*',j,'=',i*j)
    print('---------------')
```

4번 문제
```
L= []
for i in range(5):
    num = int(input('수입력:'))
    L.append(num)
print(L)

L.insert(3,100)
L.insert(6,200)
print(L)
```

또는
```
L= []
for i in range(5):
    num = int(input('수입력:'))
    L.append(num)
print(L)
L.insert(3,100)
L.append(200)
print(L)
```

또는
```
L= []
for i in range(5):
    num = int(input('수입력:'))
    L[i:i+1] = [num]
print(L)
L[3:3] = [100]
L[6:6] = [200]
print(L)
```

1번 문제
```
def starprint(num):
    for i in range(num):
        print('*',end='')
    print()
for i in range(5,0,-1):
    starprint(i)
```

2번 문제
```
members = ['kim', 'lee', 'park']
print ('members:', members)

def addmember( newmember):
    if newmember not in members: # 기존 멤버
가 아니면
#       members.append(newmember) # 추가
        len_mb = len(members)
        members[len_mb:len_mb]=[newmember]
        print('추가함')
    else:
        print('존재함')

while True :
    name = input('이름입력:')
    addmember(name)
    retry = input('계속 ?')
    if retry == 'n' :
        break

print ('members:',members)
```

3번 문제
```
def positivenumber(num):
    if num > 0 :
        return num

L = [1, 7, -2, 0, -14, 9]

result1 = list(filter(positivenumber,L))
print('result1:', result1)
for res in filter(positivenumber,L):

    print('res:', res)
```

4번 문제
```
def square(a,b):
    if b == 0 :
        return 1
    else :
        return a * square(a,b-1)

num1 = int(input('수1:'))
num2 = int(input('수2:'))
```

```
result = square(num1,num2)
print('result:', result)


'interesting','Python', 'study']
```

Chapter 07 모듈

```
# 1번 문제
# 아래 내용은 sungjuk패키지의 scoreprocess.py에
있음
# kor=0
# eng=0
# math=0
# def sinput():
#     global kor,eng,math
#     kor= int(input('국어점수:'))
#     eng= int(input('영어점수:'))
#     math= int(input('수학점수:'))

# def scalc():
#     global kor
#     global eng
#     global math
#     sinput()
#     hap = kor+eng+math
#     print('hap:', hap)
#     print('avg:', round(hap/3,2))
#

from sungjuk.scoreprocess import *

print('점수를 입력하세요')
scalc()


# 2번 문제
# myPkg 패키지의 action.py를 아래 2가지 경우로
작성할 수 있다.
# 아래 playhobby() 함수 2가지 정의는 myPkg 패키
지의 action.py에 있음

# myPkg\action.py
# from hobby.language.english import *
# def playhobby(name):
#     englishstudy(name)
# import hobby.language.english
# def playhobby(name):
#     hobby.language.english.englishstudy(name)

# 호출하는 방법(3가지)
from myPkg.action import *
playhobby('홍길동')
```

```
from hobby.language.english import *
englishstudy('홍길동')

import hobby.language.english
hobby.language.english.englishstudy('홍길동')


# 3번 문제
import random
print('*** 로또 맞추기  ***')
lotto = random.sample(range(1, 46), 6)
print('lotto:',lotto)
lotto.sort()
print('lotto_sort:',lotto)

my = []
count=0
flag = False

while True:
    flag = False
    num = input('입력 : ')
    if(num.isdigit()== False):
        print('숫자만 입력하세요.')
    else:
        if int(num) < 1 or int(num) > 45 :
            print('1~45사이의 숫자만 입력하세요')
            continue
                for i in my :
            if i == num :
                flag = True
                break
        if flag == True :
            print('숫자가 중복됩니다.')
            continue

        my.append(num)
        count += 1
    if count == 6 :
        break

print('my:',my)
my = [int (i) for i in my]

print('my:',my)

print('lotto:',lotto)

print()
print('결과')
check = 0
for i in lotto :
    for j in my :
        if i== j :
            check += 1

print('맞은 갯수 : ' ,check)
if check == 6 :
    print("1등")
```

```python
    elif check == 5 :
        print("2등")
    elif check == 4 :
        print("3등")
    else:
        print("꽝")
```

Chapter 08 클래스

```python
# 1번 문제
class Account :
    interest_rate=""
    def __init__(self,owner,money):
        self.owner = owner
        self.money = money

    def deposit(self,money,*args):
        self.money = self.money+money
        print('money:',self.money)
        if len(args) != 0 :
            self.money = self.money+self.
money*args[0]
#               print('총금액:',self.money)
#               return self.money

    def withdraw(self):
        print(self.owner+"/"+str(self.money))

kim = Account('kim',1000)
park = Account('park',3000)

kim.deposit(300)
park.deposit(700)
print('-------------')

Account.interest_rate=0.2

kim.deposit(300,Account.interest_rate)
park.deposit(700,Account.interest_rate)

kim.withdraw()
park.withdraw()

print('═══════════════════════')
```

```python
# 2번 문제
class Calculate:
    def __init__(self, first, second):
        self.first = first
        self.second = second

    def add(self):
        result = self.first+self.second
        return '더하기 : %d' % result
```

```python
    def sub(self):
        result = self.first - self.second
        return '빼기 : %d' % result

    def mul(self):

        result = self.first * self.second
        return '곱하기 : %d' % result

    def div(self):
        result = self.first / self.second
        return '나누기 : %d' % result

calc = Calculate(14, 5)

print( calc.add() )
print( calc.sub() )
print( calc.mul() )
print( calc.div() )

print('═══════════════════════')
```

```python
# 3번 문제
class Car:
    def __init__(self,maker,wheel):
        self.maker = maker
        self.wheel = wheel
    def display(self):
        print(self.maker)
        print(self.wheel)

class SportsCar(Car) :
    def __init__(self,maker,wheel,option):
        Car.__init__(self, maker,wheel)
        self.option = option
    def display(self):
        super().display()
        print(self.option)

class Fire_Engine(Car) :
    def __init__(self,maker,wheel,option):
        super().__init__(maker,wheel)
        self.option=option
    def display(self):
        super().display()
        print(self.option)

c = Car('GM',4)
s = SportsCar('포드',6,'open')
f = Fire_Engine('토요타',8,'사다리')
c.display()
print('------')

s.display()

print('------')

f.display()
```

## Chapter 09

파일 입출력

1번 문제
sungjuk.txt의 내용

이름	국어	영어	수학
길동	22	33	44
태연	32	41	57

```python
= open('sungjuk.txt','r')
fw = open('sungjuk_write.txt','w')

s = fr.readline()
print('s:',s)
fw.write(s)
print('fw.tell():',fw.tell()) # 21
fw.seek(fw.tell()-2)
fw.write('\t'+'합계\n')

for line in fr :
    total = 0
    print('line:',line)
    fw.write(line)
    s = line.split()
    print('s:',s,len(s))

    for i in range(1,len(s)):
        print('jumsu:',s[i])
        total += int(s[i])
    print('합계:',total)
    total = str(total)+'\n'
    print('fw.tell():',fw.tell())
    fw.seek(fw.tell()-2)
    fw.write('\t'+total)

fr.close()
fw.close()
print('end')
```

Chapter 10 예외처리

1번 문제
```python
d = {'kim':20, 'park':30,'choi':40}
result = d.get('jung')
print(result)

# result = d['jung']
# print(result)
while True :
    key = input('키 입력:')
    try :
        result = d[key]
    except KeyError :
        print('Error 발생')
        continue
    else:
```

```python
        print(result)
        break
print('프로그램을 종료합니다.')
```

Chapter 11 데이터베이스

1번 문제
```python
import sqlite3
import os
print(os.getcwd())

conn = sqlite3.connect('exercise.db')
cs = conn.cursor()

cs.execute("drop table book")
cs.execute('''CREATE TABLE book(
            no number,
            title text,
            author text,
            day text
        )''')

cs.execute("INSERT INTO book VALUES (1,'파이
썬','이윤정','2021-01-01')")
cs.execute("INSERT INTO book VALUES (2,'자
바','정지혜','2020-01-01')")
cs.execute("INSERT INTO book VALUES
(3,'HTML','김지현','2019-05-21')")
cs.execute("INSERT INTO book VALUES (4,'빅데이
터','김수정','2020-07-19')")

sql = "SELECT * FROM book"

cs.execute(sql)
print ('c.fetchall():',cs.fetchall())

for row in cs.execute('SELECT * FROM book
ORDER BY no asc'):
    print ('row:',row)
print()

print ('------------------------------------
----------------')
```

2번 문제
```python
find_no = 2
update_title = 'R프로그래밍'
update_author = '강연희'
cs.execute("update book set title = '%s', au-
thor = '%s' WHERE no = %d" % (update_title,up-
date_author,find_no))

for row in cs.execute('SELECT * FROM book
```

```
ORDER BY no asc'):
    print ('row:',row)

print ('------------------------------------
------------------')


# 3번 문제
delete_no = 2
cs.execute("delete from book where no = %d" %
(delete_no))
for row in cs.execute('SELECT * FROM book
ORDER BY no'):
    print (row)
conn.commit()
cs.close()
conn.close()
```